BERND A. MERTZ

Venus und Merkur

Standardwerke der Astrologie

BERND A. MERTZ

Venus und Merkur

als Morgen- und Abendstern
im Horoskop

Die Deutsche Bibliothek - CIP Einheitsaufnahme

Bernd A. Mertz
Venus und Merkur als Morgen-
und Abendstern im Horoskop / Bernd A. Mertz. –
Mössingen: Chiron-Verlag, 1997
(Standardwerke der Astrologie)

ISBN 3-925100-28-8

Originalausgabe
Deutsche Erstausgabe
© 1997 Chiron Verlag, Mössingen
Umschlag: Walter Schneider unter Verwendung des Bildes
«Das große Gehege» von Caspar David Friedrich.
© Archiv für Kunst und Geschichte, Berlin
Druck: Offizin Chr. Scheufele, Stuttgart

Swantje için

Zu beziehen durch den Buchhandel oder direkt beim
Chiron Verlag, Postfach 1131, D-72109 Mössingen
e-mail: 106175.3717@compuserve.com

Inhalt

Wozu dieses Buch?

Die Astrologie expandiert. Von einer esoterischen Geheimwissenschaft kann heute keine Rede mehr sein, denn die Astrologie ist mit dem Zeitgeist exoterisch geworden. Die Entwicklung ist nun einmal so vor sich gegangen, aber irgendwann wird das Pendel sicher wieder zurückschlagen, so wie das in der Geschichte der Astrologie immer der Fall war.

Aber die Astrologen expandieren auch! Ihnen reichen die alten, bewährten Regeln der Deutung nicht. Da wird nach immer neuen Deutungsregeln Ausschau gehalten. Die Knoten der Planeten spielen eine wichtige Rolle, die Figurinen werden überstrapaziert, neue Planeten erklären auf einmal die gesamte Astrologie, der schwarze Mond (dem bald die schwarze Sonne folgen wird) scheint bisher unerklärliche Charakterrichtungen zu offenbaren. In letzter Zeit gesichtete Planeten werden hochgeschätzt, wobei man nicht genau weiß, ob dies nicht nur Monde anderer Planeten sind. Und wenn ein langsamer Planet wie Pluto in das folgende Zeichen wechselt (Schütze), dann wird die Meinung vertreten, jetzt ändere sich die Welt, – aber für den Einzelnen ändert sich nichts. Es wird weniger als früher geschaut. Die Computer entdeckten rechnerische Punkte, die früher nicht berücksichtigt wurden. Dies und vieles mehr gehört zum heutigen Zeitgeist und mag ja durchaus dem einen oder anderen bei der Deutung von Horoskopbildern hilfreich sein.

Es besteht nur die Gefahr, dass bei der Jagd nach neuen Möglichkeiten alte und bewährte Deutungshinweise vergessen oder unbewusst verdrängt werden.

Man denke da nur an die »zwei Gesichter« der Ischtar, von denen schon in sumerischen wie babylonischen Zeiten gesprochen wurde. Aus der Ischtar entwickelte sich die Himmelskönigin (Venus), aber es gibt auch Autoren, die Ischtar als die Mondgöttin bezeichnen. Da ist in den letzten 5.000 Jahren einiges miteinander gemischt oder vermischt worden. Richtig ist, dass beide Auffassungen zum Teil für sich Recht haben. Denn es war das Bild der Konjunktion von Mond und Venus, das sich den Menschen derart einprägte, dass sie die Grundauffassungen ihres Lebens danach einteilten.

Mond und Venus gehören zusammen, wenn beide in der Nähe der Sonne stehen. Die ersten Himmelsbilder, die Zeichen gaben, –wie es die Bibel ausführt–, waren die drei hellsten Lichter des Himmels: nämlich Sonne, Mond und Venus.

Allein diese drei Gestirne begründeten die Astrologie und gaben Anlass, die ersten prinzipiellen Grundregeln aufzustellen. Leider sind diese Erfahrungen heute fast völlig in Vergessenheit geraten und damit das Wissen um die Bedeutung von Venus und Merkur als Morgen- oder Abendstern.

Um dieses Wissen in der Gegenwart wieder lebendig werden zu lassen, wurde diese Arbeit ausgeführt.

Die ersten drei Hauptlichter der Astrologie

»Lichter sollen am Himmelsgewölbe sein,
um Tag und Nacht zu scheiden. Sie sollen
Zeichen sein und zur Bestimmung von
Festzeiten, von Tagen und Jahren dienen.«

Die ersten drei Hauptlichter, welche die Menschen als Zeichen begriffen, waren Sonne, Mond und Venus. Die Sonne war das Hauptlicht, denn ohne ihr Licht gäbe es kein Leben auf der Erde. Aber von der Schauung her ist die Sonne ziemlich langweilig. Sie scheint täglich, geht im Osten auf, wenn auch nicht immer genau an der gleichen Stelle, geht dann am Abend im Westen unter, und auch hier an leicht verschiedenen Orten. Die Sonne bestimmte somit zunächst den Aufgangspunkt (Aszendent) sowie den Untergangspunkt (Deszendent). Ansonsten blieb (bleibt) sie immer gleich groß und scheidet den Tag von der Nacht. Die Sonne als das Licht, welches über den Tag herrscht, bietet längst nicht die Anzahl der verschiedenen Bilder, wie sie uns das kleinere Licht, der Mond bietet, welcher – gemäß der Bibel – über die Nacht herrschen soll.

Der Mond vermag zuweilen auch am Tage vom Himmel zu leuchten, er ist zeitweise genauso groß wie die Sonne, und dann ist er wieder völlig vom Himmel verschwunden. Aber das ganz Besondere ist: Er verändert laufend seine Form. Die Sichelform des Mondes fiel besonders auf, denn der Begleiter der Erde zeigt sich nur dann mit kleinster Sichel, wenn er am Aufgangspunkt im Osten oder am Untergangspunkt im Westen steht. Folglich da, wo der Horizont auf- oder untergeht. Diese Besonderheit der Sichelform beeindruckte die Menschen ungemein, denn in Bildern oder Hieroglyphen aller Völker wurde die Sichel als Symbol für den Mond benutzt.

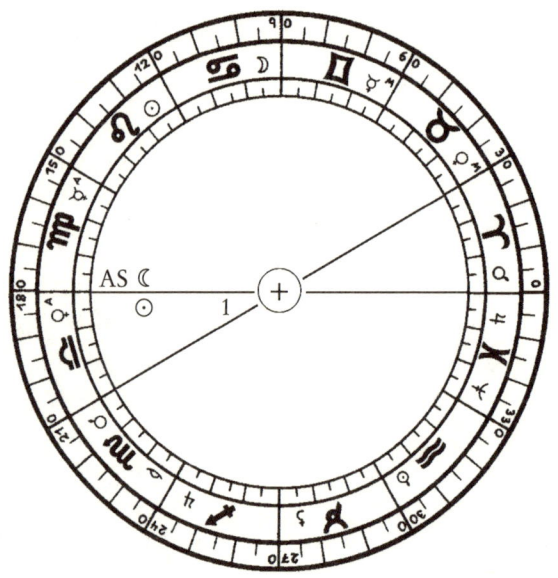

Abbildung 1: Sterbende Mondsichel am AS mit Sonne im 1. Haus

Die Sicheln waren aber unterschiedlich! Nach dem Vollmond schrumpfte der Mond derart zusammen, dass die Sichelform nach rechts geöffnet war.

Da der Mond immer kleiner wurde und bald darauf vom Himmel verschwand, wurde der abnehmende Mond auch als sterbender Mond bezeichnet. Der noch sichtbare Mond starb schließlich im Osten, also am Aszendent. Er starb genau da, wo alle anderen Sterne aufgehen. Das war für die Menschen schon eindrucksvoll. Kurz vor Sonnenaufgang, oft dämmerte es schon, sahen sie die sterbende Mondsichel zum letzten Mal. Der Mond wurde zum Dunkelmond, obwohl er nicht in die Dunkelheit ging, sondern in den Strahlen der Sonne starb. Man kann sagen: Der Mond ging ins Paradies, denn der Garten Eden lag ja auch im Osten. Er starb also im strahlenden Licht! Dies ist sicher die Grundlage dafür, dass viele, die dem Tod sehr nahe

10

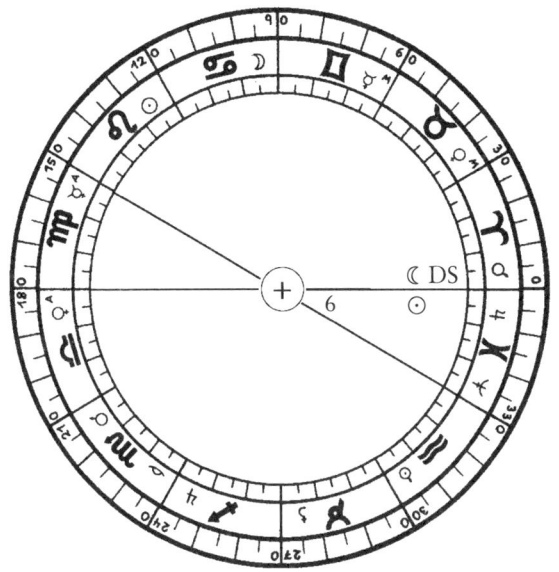

Abbildung 2: Auferstehender Mond am DS, Sonne im 6. Haus.

waren, meinen, ein helles, strahlendes Licht gesehen zu haben. Das ist ein völlig richtiges Archetypus-Erlebnis. Denn später wurde der Mond zum Symbol der Seele, die nicht stirbt, sondern aufersteht und in das Reich des Schöpfers eingeht, den die Sonne ja ebenfalls symbolisiert. Selbst als die Griechen meinten, der Mond ginge in das dunkle Reich der Hekate, spielten die Sonnenstrahlen eine große Rolle, wie noch aufzuzeigen ist. Der Mond wurde also zum Dunkelmond, was nicht mit dem schwarzen Mond zu verwechseln ist, der heute in den Horoskopzeichnungen die Lilith symbolisiert.

Er war vom Himmel verschwunden! In frühester Zeit gerieten viele Menschen in Panik und versuchten durch Musik und Trommeln den Mond aus dem Grab zu erwecken.

Und siehe da: Am dritten Tag, nachdem man die sterbende Mondsichel zum letzten Mal im Osten gesehen hatte, stand im

11

Westen, am Deszendent, der Mond in Sichelform wieder am Firmament. Nur war diesmal die Sichel nach links hin geöffnet.

Da, wo alle Gestirne untergingen, war (und ist) der Mond urplötzlich wieder als Auferstandener zu erblicken. Ein Wunder! Das Bild war klar: Im Osten opfert sich der Mond durch seinen Tod, damit die anderen Sterne aufgehen können. Im Westen ist der Mond das Symbol des neuen Lebens, gerade da, wo alle anderen Lichter des Himmels sterben.

Der Mond als Symbol der Seele zeigte an: Keine Seele stirbt für ewig. Nachdem Adam und Eva aus dem Paradies vertrieben worden waren, erkannten sie am Himmel, dass der Tod nicht das Ende, sondern stets ein neuer Anfang ist.

Am nächtlichen Firmament zeigte nämlich die zunehmende Mondsichel das größte Hoffnungssymbol der Menschen an, das der Auferstehung. So wurde der Mondlauf zur Glaubensgrundlage vieler Religionen. Die neu-auferstandene Mondsichel erscheint immer im siebten Haus, nachdem die Sonne untergegangen im sechsten Haus steht. Tag für Tag wächst dann die Sichel bis zum Vollmond, um erneut mit dem Sterben zu beginnen.

Da der Mondrhythmus dem Zyklus der Frau entspricht, die sich ebenfalls alle 28 bis 30 Tage zum Gebären erneuert, wurde der Mond mit der Frau gleichgesetzt – aber weniger mit der Geliebten, als mit der Mutter. Als sterbende Mondsichel ist dann der Mond – im zwölften Haus stehend – zum letzten Mal am Himmel zu sehen. Mag sein, dass dadurch das zwölfte Haus seine Mit-Bedeutung als Bilanzende bekam.

Bei den Griechen war – wie schon erwähnt – das Symbol für den sterbenden Mond die Hekate.

Vier Symbole sind für die Hekate bedeutungsvoll. Von links nach rechts sehen wir als erstes die Fackel. Sie symbolisiert die Sonnenfackeln, in die der sterbende Mond hineingeht. Dann sinkt er ins Grab, was durch den Stein versinnbildlicht wird. Nun ist die Konjunktion mit der Sonne haargenau. Danach zieht der Mond an der Sonne vorbei, um wieder aufzuerstehen. Dies sym-

Abbildung 3: Die Hekate

bolisiert die Schlange, die sich ja durch ihre Häutungen in der menschlichen Seele als Symbol des Neugeborenwerdens eingeprägt hat. Das letzte Gerät ist ein Werkzeug (auch vielleicht ein Schlüssel). Dies bedeutet: Das neue Leben steht dir offen. Ist der Mond zehn Grad an der Sonne vorbei und ist sie untergegangen, erscheint er wieder als schmale Sichel im siebten Haus.

Bei der Mythe der Hekate ist das Schlangensymbol besonders bedeutsam. Der Mond wurde sehr oft mit der Schlange gleichgesetzt und die Schlange galt stets als ein Mondtier. Die Sichelform sprach grundsätzlich schon dafür, ebenso die zwei unterschiedlich vorkommenden Formen der Sichel. Ärzte nahmen dies bereits vor tausenden von Jahren zum Anlass, Schlangen in die Behandlung kranker Menschen einzubeziehen, was besonders erfolgreich im großen griechischen Sanatorium von Epidaurus gepflegt wurde, das dem Halbgott Äskulap geweiht war.

Auf diesem riesigen Heilgelände findet der Besucher noch heute Reste der Tholos-Tempel. Tholos-Tempel sind Rundbauten, die Symbole des Kosmos darstellen.

Unter diesen Rundtempeln befinden sich verschlungene ringelförmige Wege (andere sprechen von Irrgärten), in denen Schlangen zu zeremoniellen Zwecken benutzt wurden. Auch Kranke und Todgeweihte sollen diese Gänge durchwandert haben, um dem Heilsymbol der Schlange – dem Mond – sehr nahe zu sein. Man legte angeblich die Kranken zum Schlafen in diese Gänge, um am Morgen an Hand der Träume der Wiedererwachten die richtige Heilmethode zu finden. Heute mag dies alles befremdlich klingen, aber diese Zeremonien hatten einen gewaltigen Einfluss auf die inneren Heilkräfte der Menschen. Es ist jedoch wahrscheinlich, dass die Kranken von den heilenden Priestern zuvor gewisse Drogen gereicht bekamen. Wie der Mond es am Himmel vormachte, wurden die Patienten ins Dunkle geschickt, wo sie sich mit der heilenden Mondkraft – verkörpert durch die Schlangen – auseinander zu setzen hatten. So ging man einst mit den Bildern des Himmels um, die zu Mythen wurden, aber auch zum praktischen Gebrauch in der Realität angewandt wurden. Die Königin Kleopatra nahm sich durch den Biss einer Schlange das Leben, wohl wissend, dass dies ihre Auferstehung garantierte.

Nun tritt das dritte Licht auf den Plan.

Der Planet, den wir heute Venus nennen, war allem Anschein nach der erste Wandelstern, den die Menschen entdeckten. Sonne und Mond gehören ja streng genommen nicht zu den Planeten. Die Venus aber leuchtet – gerade in den Ländern rund um das Mittelmeer – so klar und stark, dass dieser Planet kaum zu übersehen war, als die Priester, welche die ersten Astrologen waren, das Wechselspiel von Sonne und Mond besonders am Abend oder am Morgen fasziniert beobachteten.

Da sich die Venus auch stets in der Nähe der Sonne aufhält – weitester Abstand 48° – musste dieser Stern des Morgens auffallen. Sonne, sterbende Mondsichel und Venus stehen sichtbar

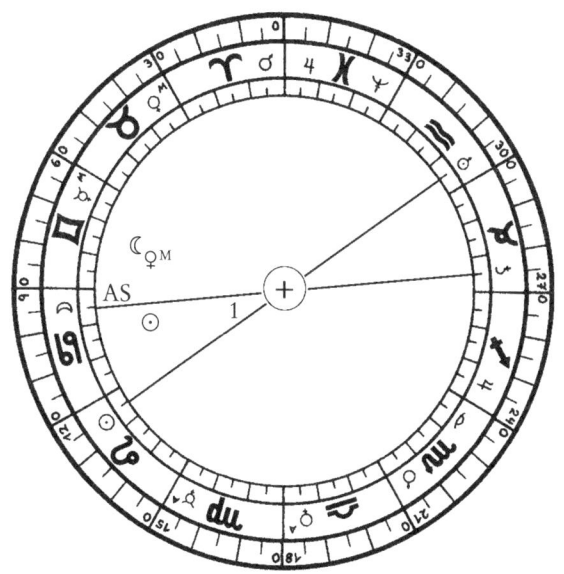

Abbildung 4: Mond und Venus als Morgenstern vor Aufgang der Sonne

nur an der Horizontlinie (Aszendent/Deszendent) nahe dem Aszendenten eng zusammen.

Da konnten die Priesterastrologen morgens im Osten bei der schmalen, schon fast gestorbenen Mondsichel einen Stern erschauen, der sich außerhalb der sonstigen Himmelsordnung bewegte. Dieser Stern, den man folgerichtig »Morgenstern« nannte, schien nun alle vier Wochen die sterbende Mondsichel in die Strahlen der Sonne zu begleiten. Dies geschah Monat für Monat – achtmal hintereinander.

Dann, nach acht Monaten, verschwand dieser Stern. Nicht für Stunden, nicht für Tage, sondern für eine unbestimmte Zeit.

Man möge sich eine Faustregel merken: *Folgt im Tierkreissinn die Venus der Sonne, dann ist sie Morgenstern.*

Sonne 15° Krebs im ersten Haus. Aszendent 05° Krebs. Venus 20° Zwillinge, Mond 15° Zwillinge.

15

Die Sonne steht im Abschnitt Krebs, ist also im Tierkreissinn der Venus um 25° voraus. Damit ist Venus Morgenstern. Sie leuchtet am Morgenhimmel mit der sterbenden Mondsichel, während die Sonne kurz vor ihrem Aufgang steht. Vielleicht dämmert es bereits.

Ein anderes Beispiel, das nicht mit dem Mond und dem Aszendent zusammenhängen muss: Sonne auf 20° Steinbock, Venus auf 05° Steinbock. Die Sonne läuft im Tierkreissinn der Venus voraus, Venus ist also Morgenstern. Oder: Sonne auf 05° Stier und Venus auf 04° Stier. Die Sonne läuft, wenn auch nur um ein Grad, der Venus voraus, so dass diese Morgenstern ist, auch wenn man sie am Himmel nicht mehr sieht.

Wir können davon ausgehen, dass jeder Planet, der 10° vor oder nach der Sonne steht, in den Strahlen der Sonne untergegangen ist, was allerdings den Tag betrifft. Und nachts stünde die Sonne und die mit ihr zusammenstehenden Planeten sowieso unter dem Horizont. Daher kommt es recht selten vor, dass die aufgehende Sonne und der Morgenstern gleichzeitig am Himmel zu erblicken sind, zumal die Venus verhältnismäßig selten ihren möglichen Höchstabstand (48°) von der Sonne erreicht.

Der Morgenstern ist also einmal Lichtbringer (Bringer des Tageslichtes), zum anderen aber auch Begleiter des Mondes in den Tod, wobei sich der Lichtbringer selbst opfert, denn er versinkt oder verbrennt ja in den rötlichen Strahlen der Sonne. Ein Kriegssymbol. »Morgenrot – früher Tod!«

Interessant ist, dass der lichtbringende Morgenstern als *Luzifer* (kirchenlateinisch Lucifer) bezeichnet wurde, dass aber später aus dem Lichtbringer der Satan oder Teufel hervorging, der sozusagen der Gegenspieler Gottes (und damit der Sonne) wurde. Es ist verständlich, dass sich *Luzifer* gegen die Unterwerfung durch die Sonne zur Wehr setzte. Soweit gehen die Wurzeln unserer archetypischen Historie zurück.

Nun, plötzlich war der Morgenstern vom Himmel verschwunden. Die Priesterastrologen beobachteten weiter den

Himmel – besonders die Horizontlinie -, denn sie wussten, am Himmel kann ja nichts verloren gehen. Und da erblickten sie einen anderen hellen Stern! Dieser stand ebenfalls urplötzlich über ihnen, aber diesmal im Westen, am Abendhimmel. Und – oh Wunder – plötzlich ging auch die auferstandene Mondsichel auf. Dies glich einer unberührten Geburt. Der Mond war neu geboren. Etwa durch den Stern, den die Priester nun folgerichtig Abendstern nannten?

War dies das Vorbild für die »unberührte Geburt« des späteren Christentums?

Auch dieser Vorgang wiederholte sich Monat für Monat – insgesamt achtmal. Während dieses Zeitraums gab der Abendstern das Zeichen, dass aus dem Dunklen neues Leben geboren wird. War der Morgenstern zuständig für das Äußere, also das Tageslicht, dann war der Abendstern für das innere Licht verantwortlich. Der Abendstern war das große Trostsymbol der Menschen, was sich bis heute, besonders in der Verehrung und Anbetung der schwarzen Madonnen, zeigt, da Pilger über Pilger Jahr für Jahr aufbrechen, um der schwarzen Madonna die Ehre zu erweisen.

Die schwarze Madonna soll heute noch den inneren Frieden bringen, denn das äußere Licht, das Tageslicht, bedeutet Krieg, Kampf, Lebensbewältigung, Auseinandersetzung und Einsatz. Das innere Licht hingegen bedeutet tiefe Hoffnung, Harmonie, wissender Glaube, Ruhe und Erholung. Jeder Stern hat folglich seine Ausrichtung. Insgesamt ergänzen sich jedoch Morgen- und Abendstern, ohne dass die Menschen einst mit letzter Sicherheit wussten, dass beide Sterne ein Stern waren.

Und so überraschend wie gekommen, verschwand der Abendstern wieder.

Er war vom Himmel verschwunden, nicht mehr zu erblicken! Und dann war – zwar erst nach 14 Tagen – urplötzlich wieder am Morgen ein Stern zu sehen! Der Morgenstern war wieder da!

Heute kennen wir den Rhythmus des synodischen Zeitgesetzes der Venus:

Sichtbarkeitsdauer des Morgensterns	245 Tage
Unsichtbarkeit beim Wechsel zum Abendstern	78 Tage
Sichtbarkeit als Abendstern	247 Tage
Unsichtbarkeit beim Wechsel zum Morgenstern	14 Tage
Das sind insgesamt:	584 Tage[1]

Aus dieser kleinen Tabelle geht deutlich hervor, dass Morgen- und Abendstern niemals am gleichen Tag sichtbar sein konnten. Es schien vielmehr so, als würden die beiden Lichter des Morgens und des Abends um die Herrschaft kämpfen. Mal siegte der Stern des Morgens, und dann wieder der Stern des Abends.

Wenn zwei Dinge miteinander im Kampf liegen, dann stehen starke Gegensätzlichkeiten auf dem Spiel, was die Unterschiedlichkeit der beiden Sterne unterstreicht.

Egal, ob schon zeitweise bekannt war, dass Morgen- und Abendstern ein Stern waren (endgültig führte Pythagoras zu dieser Erkenntnis), so wurden doch beide Sterne völlig unterschiedlich beurteilt, besonders im astrologischen Sinn, was man heute leider kaum mehr beachtet. Zwischen Morgen- und Abendstern wird bei der Venus nur noch selten differenziert, obwohl doch das Bild des Himmels die Verschiedenheit so deutlich macht.

Diese Unterscheidung ging einst soweit, dass der Morgenstern als männlich angesehen wurde. Uralte assyrische Texte aus Ninive erklären, dass der Morgenstern ein männlicher Gott, der Abendstern aber eine weibliche Gottheit sei. In Babylon wurde die Ischtar, die eindeutige Vorgängerin der Him-

---

1 Hierbei handelt es sich um eine mittlere Zeit, die sich aus dem Durchschnitt einer ganzen Reihe von Venus-Synoden ergibt. Diese Tabelle ist dem Buch *Das Testament der Sterne* von Erich Zehren (Herbig Verlagsbuchhandlung, Berlin) entnommen.

melsköniginnen, manchmal noch als bärtige, also männliche und damit kriegerische Gottheit dargestellt. Im Gegensatz zu der sehr weiblichen Ischtar, die schon damals Charakterzüge aufwies, die auf die griechische Aphrodite hinweisen konnten. Am deutlichsten wurde der Unterschied in Ägypten festgehalten. Die ägyptischen Weisen kannten mehrere Schwesternpaare wie Isis (Abendstern) und Nephthys (Morgenstern). Ebenso das Paar Sachmet (Sechmet) und Bastet (Morgenstern und Abendstern).

Wer jemals in Ägypten war, der kennt die großen Figuren der Löwengöttin Sachmet und der Katzengöttin Bastet, besonders gut im Tempel von Karnak oder im ägyptischen Museum in Kairo zu sehen. Der Morgenstern hat immer etwas mit dem Tageseinsatz zu tun, der oftmals schwer genug war (oder ist), aber er ist auch der Begleiter in den Tod, nachdem er das Tageslicht gebracht hat. Dies sind Opfer, die nur mit Löwenmut bewältigt werden können. Sachmet, die Löwengöttin, symbolisiert die Aufgaben und Kräfte des Morgensterns.

Wer jedoch wie der Morgenstern den Mond ins Jenseits begleitet, der gilt auch als Herrscher über Tod und Krankheiten. Sicher wurde Sachmet als schrecklich angesehen, denn wer möchte schon mit Krankheit oder Tod belastet werden, aber andererseits galt gerade die Sachmet von Memphis als Schutzpatronin der Ärzte und Kranken sowie als Behüterin vor Seuchen. Vor Sachmet flieht man nicht, sondern man vertraut sich ihr Hilfe suchend an. Sie ist die strenge Lehrerin, die uns lehrt, die Mühen des Tages und die daraus entstehenden Folgen tapfer auf uns zu nehmen. So wurden der Sachmet viele Opfer gebracht und man betete sie in ihren meist kleinen Tempeln an. Es war von den Menschen bereits um 3.000 bis 2.000 Jahre vor der Zeitrechnung verstanden worden, dass es ein müheloses Leben wohl nicht geben könne, dass aber auch alles Elend sein Ende habe, es komme nur darauf an, wie man ins Reich der Sonne gehe, um dann dort eventuell auferstehen zu können. Damit verlor Sachmet an Schrecklichkeit und näherte sich in etwa dem, was wir heute auch der Venus zuschreiben. Doch von der Sachmet zur Venus als Morgenstern war noch ein weiter Weg.

Dieser Weg führt über die liebliche Katzengöttin Bastet. Bastet war ein Symbol für die Aufgaben und Kräfte des Abendsterns. Sachmet und Bastet (Löwin und Katze) sind zwar entfernt verwandt, (was darauf hindeutet, dass die Ägypter wenigstens zeitweise wussten, dass Morgen- und Abendstern ein Stern sind), aber in ihren Grundaussagen sind beide doch sehr gegensätzlich.

Der Name Bastet kommt daher, dass diese Göttin einst die Lokalgöttin der Stadt Bast war. Diese Stellung hatte sie schon bald für ganz Ägypten inne. Bastet war zuständig für die Liebe, für die mütterliche Zuneigung sowie für alle Verliebten. Sie war die Schutzherrin für Kunst, Tanz und Gesang. Also für die Tätigkeiten, die man nach der Tagesarbeit tun durfte.

Der Katzenkopf, den Bastet trägt, weist deutlich darauf hin, dass diese Göttin keine Angst auslösen will. Durch sie wurde die Katze zum »heiligen« Tier, was die riesigen Katzenfriedhöfe längs des Nils beweisen, wo Tausende von Katzenmumien ausgegraben wurden. Denn über diese Göttin wurde die Katze auch zum Symbol der Auferstehung und des neuen Lebens der Seele. Es gab Zeiten, da die Menschen dem Tode verfallen waren, wenn sie eine Katze töteten. Das war noch im letzten Jahrhundert vor Christus der Fall, wie Diodorus, der griechisch-sizilianische Geschichtsschreiber aus Rom berichtete. Ein Römer hatte aus Versehen eine Katze getötet. Er wurde deshalb von der Volksmenge gelyncht, obwohl die Ägypter großen Respekt, wenn nicht sogar Angst vor den Römern hatten. Aber ein Symbol der lieblichen Bastet tötet man nicht ungestraft. Archetypisch sicher kein Wunder, dass die Katze heute noch so ungemein beliebt ist, und dass die Zuneigung zu diesem Tier manchmal fast fanatische Züge annimmt.

Es wären noch viele andere Schwesternpaare aus dem Zweistromland zwischen Euphrat und Tigris zu nennen, aus Sumer, aus Babylon und auch aus Ägypten, aber die Grundbedeutung veränderte sich nicht, die hielt Jahrtausende an, bis hin zu den Griechen. Auch dort wurde noch zwischen Morgen- und Abendstern unterschieden. Athene, die aus dem Kopf des Zeus Geborene, war Sinnbild des Morgensterns, während die aus einer Muschel geborene Aphrodite den Abendstern symbolisierte. Hier war der alte Archetypus besonders gut zu erkennen, denn Saturn entmannte seinen Dämonen zeugenden Vater Uranus und warf die männlichen Teile des Gottes in das tiefe Wasser vor Zypern. Aber siehe da, aus diesen Geschlechtsteilen wurde Aphrodite geboren. Wenn nun noch bedacht wird, dass Saturn eine dem Mond nachgeformte Waffe, die Sichel, zur Entmannung seines Vaters gebrauchte, wird das tiefe Symbol des ewigen Zusammenspiels von Mondsichel und Venus um so klarer.

Immerhin gab es seit der Blütezeit der Griechen keinen Zweifel mehr, dass Morgen- und Abendstern ein Stern waren. Trotzdem wurden die Unterschiede der Erscheinungsformen weiterhin beachtet. Aphrodite wurde sogar zur Schutzpatronin der Prostituierten. Im Tempel von Korinth waren mehr als tausend Prostituierte tätig, die zum Reichtum und zur Machtfülle dieses Tempels beitrugen. Aphrodite blieb aber vor allem die Schutzherrin für Schönheit, Anmut, für Liebesdinge und Freundschaften, für Fruchtbarkeit, für alle typischen Frauenarbeiten sowie für Gesang und Liebeslieder. Damit stellte diese Göttin die Athene Parthenos natürlich in den Schatten. Athene war die kriegerische Kämpferin, die Wächterin der Tugend und sie schützte die Werktätigen. Athene Parthenos bedeutet jungfräuliche Athene und sie war Symbol des Morgensterns.

Auch in Rom kannte man noch genau den Gegensatz von Morgen- und Abendstern. Doch wurde hier der Name geboren, den wir heute noch benutzen. Der Name Venus.

Venus geht folgerichtig aus der Reihe Isis – Aphrodite hervor. Die Gegenspielerin der Venus ist bei den Römern Minerva. Sie ist der griechischen Athene gleichzusetzen. Natürlich veränderten sich die Göttinnen wie die Menschen, die sie anbeteten, aber die Grundzüge blieben dennoch gleich. Venus in Rom ist noch ganz auf den Abendstern ausgerichtet, aber auch in Rom verwischen sich – astrologisch gesehen – immer mehr die Gegensätze zwischen den beiden hellen Sternen.

Hier ist Marcus Tullius Cicero zu nennen. Er sah schon klar die Vereinigung von Morgen- und Abendstern vor sich und erklärte die Herkunft des Namens Venus aus der »Göttin, die zu allen Dingen kommt« *(venire)*. Cicero wies auch auf die griechischen Namen hin: Phosphoros (lateinisch *Luzifer*) war der griechische Name für den Morgenstern, Hesperos der Name für den Abendstern. Den Römern waren folglich die verschiedenen Namen der Griechen für Morgen- und Abendstern bekannt. Und die Griechen wollten wohl ganz bewusst ihre großen Göttinnen Aphrodite und Athene als Schutzherrinnen dieser Sterne hervorheben. Andererseits war aber die archetypische Entwicklung für die eine einzige Himmelskönigin nicht aufzuhalten, was das spätere Christentum bestätigte.

Die Evangelien zeichnen sich ja nicht gerade dadurch aus, dass sie eine Himmelskönigin in den Mittelpunkt ihrer Verkündigungen stellen. Aber in den Menschen lebte das archetypische Erbe weiter, das nach einer Göttin verlangte. Und nachdem die orientalischen Muttergottheiten untergegangen waren, kam im Abendland die Marienanbetung auf. Die Kirche hatte diesen Prozess nicht gefördert und erst 413 n. Chr. wird auf dem Konzil in Ephesus der Mutter des Heilands der Titel »Gottesmutter« zugesprochen und ganz langsam beginnen die Marienpredigten aufzukommen. Im 6. Jh. n. Chr. entsteht eine Marienkirche in Jerusalem. Die Kirchenväter beugten sich der großen Sehnsucht ihrer Gemeinde, die diese nach der Gotteskönigin oder Gottesmutter empfand.

Dies alles mag vordergründig für die Astrologie ziemlich bedeutungslos sein, aber das »Wunder« (und es ist eines), dass gerade die Muttergottes des Christentums ganz astrologisch ausgerichtet ist, musste selbst Skeptiker verwirren. Meist steht nämlich die Madonna – wie schon erwähnt – auf einer Mondsi-

Abbildung 5: Madonna mit Mondsichel

chel oder einer Schlange. Und sie gebiert, wie der inzwischen
uralte Abendstern, neues Leben. Das kommt dadurch zum
Ausdruck, dass in dieser Mondsichel sehr oft ein menschlicher
Kopf – nämlich der auferstandene Heiland – zu erblicken ist.

Der schönste Monat des Jahres, der Mai, wird zum Marien-
monat und der 15. August zum Tag, da Mariä Himmelfahrt
gefeiert wird. Die anderen vielen Marienfesttage, wie Mariä Ver-
kündigung oder Mariä Heimsuchung brauchen hier nicht weiter aufgezählt zu werden. Und wenn Maria nicht auf einer
Mondsichel steht, dann trägt sie sehr oft die Mondsichel auf
dem Kopf. Noch im neuen Testament hat sie in der Person von
Martha ihre Gegenspielerin. Auf dem Bild *Allegorie der Nacht*
von Paul van Thys und Jan van de Hoecke erkennen wir eindeutig Maria als Venus. Und zwar sowohl als Morgen- wie auch
als Abendstern. Maria-Venus hält in jedem Arm ein Kind.

23

Abbildung 6: Allegorie der Nacht

Neben den Kindern sind die deutlichen Symbole dafür zu erkennen, dass eines dieser beiden bald sterben muss. Denn neben dem dunklen Kind steht ein alter Mann, der sein Füllhorn festhält, also noch nicht zum Gang in die Sonnenstrahlen bereit ist, obwohl seine Zeit abgelaufen ist. Auf der anderen Seite steht neben dem hellen Kind ein Jüngling, der reif ist, das Erbe des alten Mannes zu übernehmen, da er gerade ins Leben eintritt. Zwölf Engel umkreisen diese Gruppe, ein Hinweis auf die zwölf Mondumläufe im Jahr. Die Bibel kennt den Spruch: »*Der mir vorangeht, wird mit folgen.*« Damit ist der sterbende Mond gemeint, der dem neugeborenen Mond vorangeht, aber auch der neugeborene Mond muss sich später zum Sterben rüsten … ein unendlicher Kreis.

So tief lebt das astrologische Erbe der drei hellsten Lichter Sonne, Mond und Venus in uns, dass dieses Erbe überall auftaucht und man sagen kann, dass es unsterblich ist. Kuriositäts-halber sei noch erwähnt, dass auch deutsche Sagen um den Kampf der Sterne wissen. In der Nibelungensage z.B. ist Brunhild die Vertreterin des Morgensterns und Kriemhild das Symbol des Abendsterns. Doch am Beispiel der Kriemhild wird besonders deutlich, wie aus dem Abendstern ein Morgenstern wird. Denn nachdem Siegfried getötet worden war, wird Kriemhild zur kämpferischen Löwin und vernichtet im Reich von Etzel alle Nibelungen.

Das Pentagramm der Venus

Nachdem feststand, dass Morgen- und Abendstern ein und der-
selbe Stern waren, versuchte man das Geheimnis der Venus genauer zu erkunden, denn für die alten Astrologen war klar, dass
dieser hellste Planet den Menschen auf Erden noch mehr zu
sagen hatte.

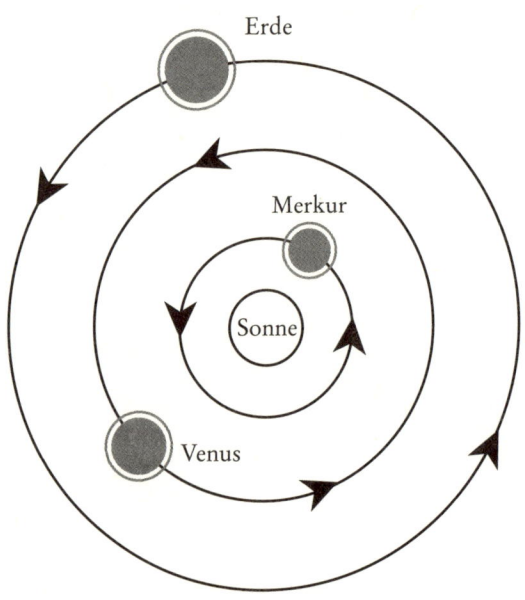

Abbildung 7: Innere Planeten

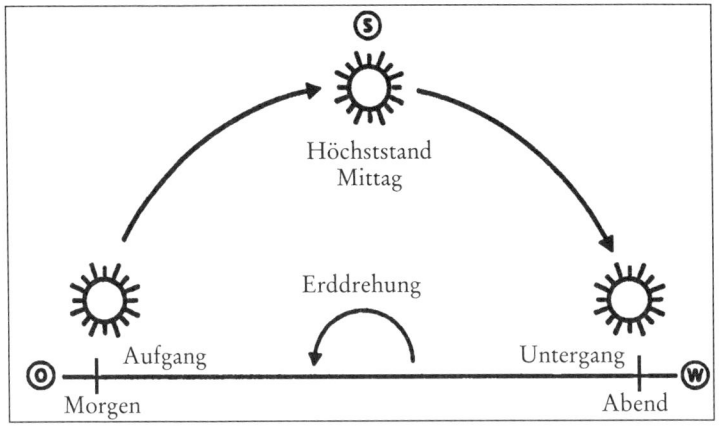

Da sich die Astrologie allein nach der Sonne ausrichtet, ist Süden immer oben (im Gegensatz zu unseren Landkarten). Folglich ist Osten links, Westen rechts und Norden unten. So ist auch die Anordnung im Horoskop. Die Erde dreht sich also von West nach Ost. Der Pfeil zeigt deutlich, wie sich die Erde dem Aufgang zudreht. Dadurch scheint es so als würde sich die Sonne von Ost nach West bewegen.

Abbildung 8: Bewegungen

Zunächst war sicher, dass diese steten, schließlich als regelmäßig erkannten Wechsel vom Osten zum Westen und wieder zum Osten nur bei einem inneren Planeten möglich sind.

Innere Planeten – wir kennen zwei – sind Venus und Merkur (von dem noch zu sprechen sein wird). Sie umlaufen das Zentralgestirn zwischen Sonne und Erdbahn. Es sind von der Deutung her die individuellsten Planeten, wenn wir von Sonne und Mond als Gestirne absehen, und daher sicherlich besonders wichtig.

An dieser Stelle sei auf die zwei Bewegungen der Erde aufmerksam gemacht. Sie dreht sich an einem Tag um die eigene Achse, und löst damit eine Rotationsbewegung um die Sonne aus, die ein Jahr andauert.

Die Drehung um die eigene Achse bedingt, dass alle Gestirne im Tageslauf im Osten aufgehen, sich im Horoskop zum Süden hin nach oben bewegen, schließlich im Westen untergehen, um dann im Norden (also unten im Horoskop) ihren Nachtpunkt zu erreichen.

Die Bewegung der Tagesachsen läuft also im Uhrzeigersinn, während die Jahresbewegung um die Sonne gegen den Uhrzeigersinn verläuft.

Daher kommt es, dass die Sonne, wenn sie im Uhrzeigersinn vom Osten zum Süden aufsteigt, den Morgenstern und die sterbende Mondsichel verschlingt. Auch der Abendstern wird erst sichtbar, wenn sich die Sonne im scheinbaren Tageslauf (da ja die Bewegung von der Erde ausgeht) im Uhrzeigersinn von West (Deszendent) nach Nord, also nach unten im Horoskop, bewegt. Während die Sonne an einem Tag im Uhrzeigersinn scheinbar durch das gesamte Horoskopbild wandelt, rückt sie im Tierkreissinn um zirka ein Grad gegen den Uhrzeiger vor.

Die bisher deutlich beschriebenen Himmelszeichen von Morgen- und Abendstern entstehen also durch die Achsendrehung der Erde. Wer genau ist, muss auch feststellen, dass der Begriff »aufsteigend« für den Aszendent nur scheinbar stimmt. In Wahrheit steigt nichts auf, sondern der Teil der Erde, auf dem wir leben, wendet sich durch die Achsendrehung der Sonne, beziehungsweise dem Horizont zu.

Zurück zu Morgen- und Abendstern. Ein Planet, der im Tierkreissinn einmal vor und dann wieder nach der Sonne zu sehen ist, muss logischerweise immer an der Sonne vorbeiwandeln (vom Wandelstern). Also schälten sich die Konjunktionen von Venus und Sonne sowie von Merkur und Sonne als besondere Brennpunkte heraus.

Nun kennen wir zwei Konjunktionen der Sonne mit der Venus. *Das ist zum einen die obere Konjunktion, die von der Erde aus gesehen hinter der Sonne stattfindet, die also nicht sichtbar oder vom Anblick her sehr schwer nachzuvollziehen ist.*

Dann gibt es die untere Konjunktion, die sozusagen zwischen Erde und Sonne stattfindet. Auch diese Konjunktion ist nicht zu sehen, weil jeder Planet, der sich der Sonne nähert, zehn Grad vor oder zehn Grad nach der Sonne im Licht dieser Gestirne

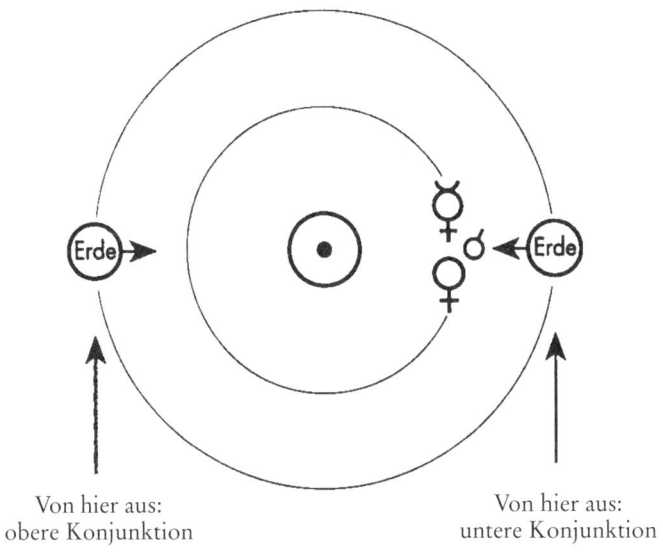

Von hier aus: Von hier aus:
obere Konjunktion   untere Konjunktion

Abbildung 9: Die zwei Konjunktionen von Sonne, Venus und Merkur

verschwindet. Aber der Ablauf dieser Konjunktion ist viel
leichter nachzuvollziehen.

Das soll hier jetzt in mehreren kleinen Etappen gezeigt werden.

22. August 1995
♀ᴬ = 28°44' ♌
☉ = 28° 27' ♌

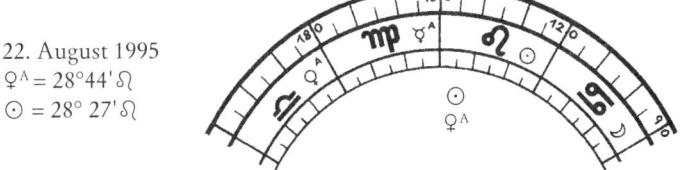

Abbildung 10: Obere Konjunktion zwischen Venus und Sonne

Am 22. August 1995 haben wir eine genaue obere Konjunktion
zwischen Sonne und Venus. Venus ist unsichtbar, aber Abendstern, und läuft im Tierkreissinn vor der Sonne.

29

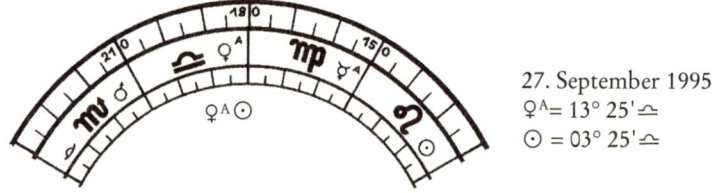

27. September 1995
♀ᴬ= 13° 25' ♎
☉ = 03° 25' ♎

Abbildung 11: Venus tritt aus der Unsichtbarkeit heraus

Am 27. September 1995 tritt Venus aus dem Dunkel der Sonne heraus, und wird als Abendstern schwach sichtbar.

Von nun an wird die Venus am Abendhimmel von Tag zu Tag heller, bis sie am 21. Mai 1996 ihre für diesen Umlauf größte Entfernung zur Sonne erreicht hat.

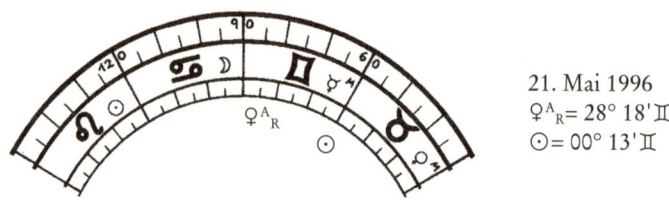

21. Mai 1996
♀ᴬ_R= 28° 18' ♊
☉= 00° 13' ♊

Abbildung 12: Venus wird rückläufig

Venus steht am 21. Mai 1996 auf 28°18' im Abschnitt Zwillinge, Sonne auf 0°13' Zwillinge. Venus ist also noch Abendstern, wird aber an diesem Tag rückläufig.

Die Rückläufigkeit wird für uns jetzt entscheidend sein, wobei darauf hingewiesen werden muss, dass es eine echte Rückläufigkeit am Himmel nicht gibt. Da jedoch die Astrologie das beurteilt, was sie sieht, wird auch die Rückläufigkeit mit in Betracht gezogen. Dies ist wie beim Aszendenten oder Deszendenten. Es sieht nur so aus, als würde etwas auf- oder absteigen. Astrologisch betrachtet, ist es aber eine Realität. Auch die scheinbare Rückläufigkeit wird folglich in der Astrologie als zu

30

beachtende Tatsache benutzt. Die Erfahrung zeigt, dass dies durchaus richtig ist. Von nun an ist Venus also rückläufig, sie geht auf die Sonne zu, während die Sonne auf die Venus zuwandelt.

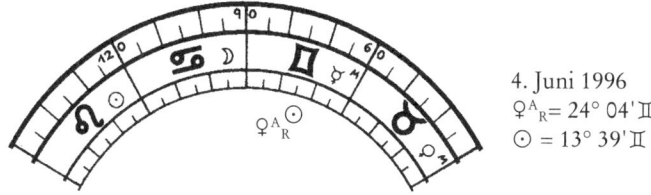

4. Juni 1996
♀^A_R= 24° 04' ♊
☉ = 13° 39' ♊

Abbildung 13: Venus verschwindet vom Himmel

Am 4. Juni 1996 verschwindet die Venus vom Himmel. Venus geht in den Strahlen der Sonne unter. Aber Venus ist noch Abendstern.

Am 11. Juni findet dann die genaue untere Konjunktion von Sonne und Venus bei rund 20° Zwillinge statt. Ab jetzt ist Venus, wenn auch rückläufig, Morgenstern. Sie läuft nun im Tierkreissinn hinter der Sonne.

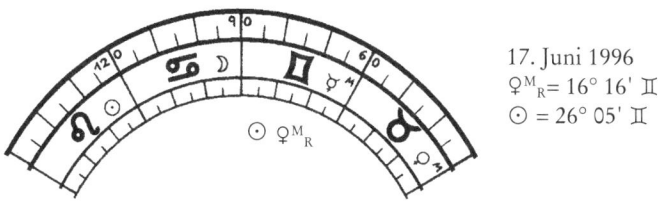

17. Juni 1996
♀^M_R= 16° 16' ♊
☉ = 26° 05' ♊

Abbildung 14: Venus wird wieder sichtbar

Sonne steht auf 26° 05' und Venus auf 16° 16' Zwillinge. Am 17. Juni wird Venus – nun als Morgenstern und immer noch rückläufig – wieder sichtbar. Sie ist sichtbar, weil der Abstand zur Sonne rund zehn Grad beträgt. Venus bleibt Morgenstern bis 2. April 1997.

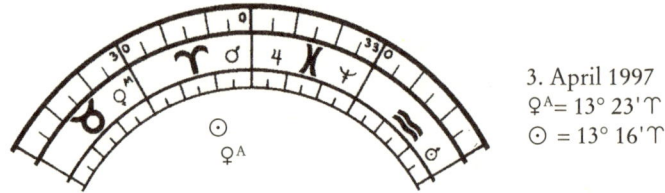

3. April 1997
♀ᴬ= 13° 23' ♈
☉ = 13° 16' ♈

Abbildung 15: Konjunktion Sonne und Venus auf 13° Widder

Venus hat nun in der oberen Konjunktion mit der Sonne einen weiteren Wandel vollzogen. Ab dem 3. April ist sie wieder Abendstern, läuft also im Tierkreissinn vor der Sonne.

Die obere Konjunktion verläuft nicht so auffällig wie die untere Konjunktion. Warum?

Bei der unteren Konjunktion ist Venus immer rückläufig. Wer in seinem Horoskop eine rückläufige Venus stehen hat, bei dem hat sich der Wandel vom Abendstern zum Morgenstern entweder vor der Geburt vollzogen, oder dieser Wandel hat kurz nach der Geburt stattgefunden.

Wer die Venus in der Nähe einer Konjunktion mit der Sonne stehen hat, ohne dass die Venus rückläufig ist, der hatte kurz vor oder nach der Geburt den Wandel vom Morgenstern zum Abendstern.

Wer mit dem Neumondhoroskop vor der Geburt arbeitet, kann eventuell feststellen, dass zwischen dem letzten Neumond vor der Geburt und dem eigentlichen Geburtshoroskop ein Wechsel vom Abendstern zum Morgenstern stattgefunden hat. Das ist natürlich für die Gesamtbeurteilung recht wichtig.[2] Das Neumondhoroskop gibt das archetypische, individuelle Erbe an. Steht hier die Venus als Abendstern und im Geburtshoroskop als Morgenstern, dann ist meist ein künstlerisches Erbe

2   In den Abb. 25, Abb. 26, Abb. 29 und Abb. 30 finden Sie das Neumondhoroskop eingezeichnet. Neumondhoroskop bedeutet: Der Planetenstand beim letzten Neumond vor der Geburt ist außen herum eingezeichnet.

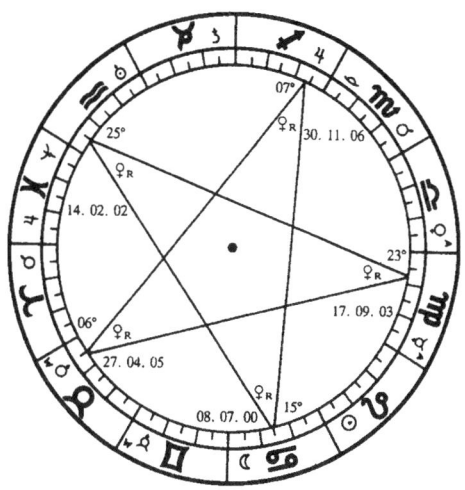

Abbildung 16 : Pentagramm der Venus (R) von 1902 bis 1907

mit Kampfbereitschaft und realer Liebe durchzusetzen. Doch die Deutungshinweise werden noch genauer erläutert.

Der beschriebene synodische Venuslauf vom 21. August 1995 bis zum 02. April 1997 beträgt 582 Tage, also entspricht dieser Zeitraum recht genau dem Durchschnitt von 584 Tagen.

Die alten Astrologen bemerkten an diesen synodischen Venusläufen aber noch etwas Besonderes. Sie beobachteten vor allem die unteren Konjunktionen von Sonne und Venus, und dabei stellten sie etwas Merkwürdiges fest: Diese Konjunktionen finden immer nur in fünf der zwölf Tierkreisabschnitte statt.

Damit beschreibt die Venus am Himmel ein Pentagramm. Dieses verschiebt sich zwar sehr, sehr langsam durch den gesamten Tierkreis, aber es bleibt stets ein Pentagramm.

Ganz selten kann die Zahl von fünf Tierkreisabschnitten auf sechs erhöht werden, wenn sich bei der Wanderung durch den Tierkreis eine Spitze der Sonnen/Venuskonjunktion an den An-

33

fang oder das Ende eines Nachbar-Tierkreisabschnittes verschiebt.

Aber entscheidend bleibt das Pentagramm, der fünfstrahlige Stern, der nicht nur zum Zeichen, sondern auch zum allgemeinen Glückssymbol wurde. Dieses Glückssymbol finden wir auf Flugzeugen und Nationalflaggen und zwar oft in Verbindung mit der sterbenden oder aufgehenden Mondsichel.

Beispiele wären etwa die Flagge der Türkei oder die Flagge von Tunesien. Beide mit dem Fünfstern und der Mondsichel. Die Flagge von Vietnam als Pentagramm. Die Flagge von Pakistan hat wieder neben dem Pentagramm die Mondsichel als Symbol, während die Fahnen von Ghana und Chile nur den Fünfstern haben, genauso wie Jemen und Liberia. Stolz prangt das Pentagramm (auch so gezeichnet) auf dem Banner von Marokko, der Fünfstern von Mauretanien ist in der liegenden Mondsichel zu erblicken. Es wären noch mehr Staaten zu nennen, was sich jedoch erübrigt.

In der Schule des Pythagoras, (die wohl endgültig festgestellt hatte, dass Morgen- und Abendstern ein Stern waren), galt das Pentagramm als Glückssymbol. So ist anzunehmen, dass die Pythagoräer dieses Zeitgesetz der Venus kannten.

Heute noch gilt das Pentagramm – auch Drudenfuß genannt – als Abwehrsymbol gegen Dämonen, Magier, Hexen und andere schlechte Einflüsse. In vielen Bauernhäusern wird dieses Zeichen an der Haustür oder im Flur angebracht, um negative Strömungen abzuwehren. Das Pentagramm ist ein Zauber gegen gefährliche Geister, und wird deshalb auch als Talisman gebraucht. Die Druden galten in der Sagengeschichte einst als gute Helfer, später als böse Plagegeister. Ihr Fußabdruck soll wie ein Pentagramm ausgesehen haben.

Doch das Pentagramm oder der Drudenfuß ist – wie bei den beiden Erscheinungsformen der Venus – sehr zweischneidig. Es kommt nämlich darauf an, wie man das Pentagramm zeichnet.

Was hat uns nun das Pentagramm zu sagen? Dasselbe, was uns Morgen- und Abendstern mitteilen wollen, nämlich das

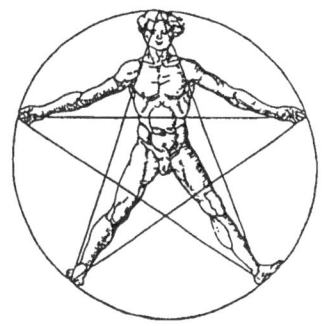

Abbildung 17: Die zwei Formen des Pentagramms. Einmal der Mensch in seiner Helligkeit, einmal Luzifer in seiner Bedrohung

Glück der Venus nicht als selbstverständlich hinzunehmen. In der alten Astrologie wurde Venus als kleines, Jupiter als großes Glück bezeichnet. Beides ist falsch. Zu große Expansion führt meist ins Unglück, und auch das sogenannte kleine Glück der Venus muss erkämpft, und wenn es vorhanden ist, verteidigt werden. Glück ohne mutigen Einsatz gibt es nun einmal nicht. Wer Angst vor bösen Geistern hat, dem reicht es nicht, ein Pentagramm in der richtigen Weise an sein Haus anzubringen; derjenige muss innerlich gegen böse Geister gerüstet sein, vor allem gegen die bösen Geister in sich selbst, denn natürlich leben in jedem von uns die Dämonen.

Erst wer diese besiegt, dem wendet sich Venus als Glücksbringerin zu. Es muss erst etwas (das Böse) absterben, ehe das Neue, das Glücksbringende geboren wird.

Wer meint, dass in ihm kein Luzifer lebt, der irrt sich gewaltig und hat sein Horoskop wohl kaum richtig interpretiert. Oft liegt es daran, dass der Unterschied zwischen Venus als Morgen- beziehungsweise als Abendstern nicht genügend beachtet wird.

Heute werden leider immer noch alle Tierkreisabschnitte und Häuser mit sogenannten »Herrschern« (Frage: wo sind die Sklaven?) in Verbindung gebracht. Danach wäre Venus als Mor-

Sommersonnenwende

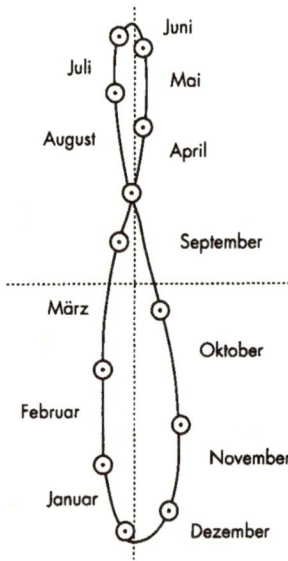

Wintersonnenwende

Abbildung 18: Sonnenlemniskate

genstern für den Abschnitt Stier und für das zweite Haus zuständig, Venus als Abendstern für den Abschnitt Waage und das siebte Haus.

Die Pentagramme der Venus, damit also die Konjunktionen von Venus und Sonne, schreiben noch ein anderes, sehr wichtiges Zeitgesetz an den Himmel. Fünf volle synodische Venus-Umläufe entsprechen acht Sonnenjahren. Das ergibt einen Zusammenhang zwischen der Zahl Fünf und der Zahl Acht.

In der esoterischen Numerologie wurde die Acht immer der Venus zugeschrieben. Die arabische Schreibweise macht dies besonders deutlich, da die liegende oder die stehende Acht dem Bild der Lemniskate entspricht. Die Lemniskate ist ein uraltes esoterisches Symbol, das Sinnbild für den Gedanken, dass alles fließt, dass nichts verloren geht, dass die All-Liebe alles über-

36

strahlt. Dabei kann es natürlich vorkommen, dass einmal der untere und einmal der obere Teil der Acht übermäßig groß, beziehungsweise sehr klein ist. Dies zeigt an, dass der richtige Ausgleich fehlt.

Die Lemniskate ist kein Fantasieprodukt, sondern sie spiegelt den Jahreslauf der Sonne wider. Wenn jeden Tag um 12 Uhr mittags die Sonne vom gleichen Standort fotografiert würde, dann könnte man die Lemniskate am Himmel sehr gut erkennen. Auch hier haben wir eine nahe und direkte Verbindung zwischen Venus und Sonne in der Zahl Acht.

Daher kann es kaum überraschen, dass das Verhältnis der Zahlen Acht und Fünf fast dem goldenen Schnitt entspricht. Der goldene Schnitt ist ein Symbol der Harmonie, das in allen Bauten zum Ausdruck kommt, bei denen man den goldenen Schnitt berücksichtigt hat, man denke nur an die großartige Cheopspyramide in Giseh. Kepler hat eine mathematische Reihe entdeckt, die zum goldenen Schnitt führt. Auch hier spielt das Verhältnis von der Acht zur Fünf eine bedeutende Rolle. Der goldene Schnitt besagt, dass sich bei einer bestimmten Teilung einer Strecke der kleinere Teil zum größeren Teil verhält, wie der größere Teil zur Gesamtstrecke. Auch über diese Harmonie wacht das Verhältnis von Sonne und Venus.

Doch noch etwas anderes ist entscheidend: Nach fünf synodischen Umläufen der Venus, die acht Sonnenjahren entsprechen, finden sich Sonne und Venus am Himmel wieder auf den gleichen Orten ein, wobei die Abweichung höchstens bis zu 2,5° beträgt. Beispiel:

1981 Sonne: Am 1. April auf 11° 11' im Widder
1981 Venus: Am 1. April auf 09° 33' im Widder

1989 Sonne: Am 1. April auf 11° 15' im Widder
1989 Venus: Am 1. April auf 10° 14' im Widder

1997 Sonne: Am 1. April auf 11° 18' im Widder
1997 Venus: Am 1. April auf 10° 54' im Widder

23. 08. 1991	29° ♌	10. 06. 1996	20° ♊
01. 04. 1993	12° ♈	16. 01. 1998	26° ♑
03. 11. 1994	10° ♏	20. 08. 1999	27° ♌

Abbildung 19: Venus Pentagramm untere Konjunktion
(Venus rückläufig)

Diese Reihe ließe sich beliebig fortsetzen. Es herrscht also zwischen Sonne und Venus eine große Ordnung am Himmel.

In der Astronomie wie in der Astrologie wird wegen dieser steten Zeitfolge auch von einem Venuskalender gesprochen, den uns der Himmel anbietet.

Am bedeutungsvollsten war das Pentagramm der Venus, das durch die Rückläufigkeit dieses Planeten besonders auffiel. Die Spitzen dieses Pentagramms bildeten jeweils die direkten unteren Konjunktionen von Sonne und Venus.

38

Erste Konjunktion am 23. August 1991 in 29° Löwe. Die darauf folgende zweite Konjunktion am 01. April 1993 auf 12° Widder. Die dritte Konjunktion am 03. November 1994 auf 10° Skorpion. Die vierte Konjunktion am 10. Juni 1996 auf 20° Zwillinge. Die fünfte Konjunktion am 16. Januar 1998 auf 26° Steinbock. Die nächste Konjunktion ist dann wieder im Abschnitt Löwe, am 20. August 1999 auf 27° Löwe.

Das Pentagramm umfasst also fünf Zeichen: Löwe – Widder – Skorpion – Zwillinge – Steinbock. Dann führt es zum Abschnitt Löwe zurück.

Auf Abbildung 16 ist bereits ein Pentagramm gezeigt worden, wo die Zeichen Krebs – Wassermann – Jungfrau – Stier – Schütze und wieder Krebs berührt werden. Dies zeigt, wie sich das Pentagramm langsam durch den gesamten Tierkreis verschiebt. Aber in der Regel umfasst ein Pentagramm fünf Zeichen. Das war für die Alten schon aufregend! Und da die Venus dieses Pentagramm an den Himmel zeichnete, wurde es zum Glückssymbol. Soweit das Pentagramm der unteren Konjunktion mit Rückläufigkeit der Venus.

Da taucht die Frage auf: Bilden die Konjunktionen ohne Rückläufigkeiten, also die oberen Konjunktionen, etwa auch solch ein harmonisches Pentagramm?

Die erste obere Konjunktion, von der wir ausgehen, ist die am 01. November 1990 auf 08° Skorpion. Es folgt die zweite obere Konjunktion am 13. Juni 1992 auf 22° Zwillinge. Die dritte obere Konjunktion liegt am 17. Januar 1994 bei 27° Steinbock. Am 20. August 1995 findet die vierte obere Konjunktion bei 26° Löwe statt, während die fünfte obere Konjunktion am 03. April 1997 auf 13° Widder liegt. Am 31. Oktober 1998 ist dann eine weitere obere Konjunktion bei 7° Skorpion.

Also sind es abermals fünf Zeichen, die hier auftauchen: Skorpion – Zwillinge – Steinbock – Löwe – Widder und wieder Skorpion. Dies ergibt ebenfalls ein Pentagramm. Erstaunlich ist jedoch, dass dieses Pentagramm fast genauso aussieht, wie das der unteren Konjunktion der Rückläufigkeiten.

39

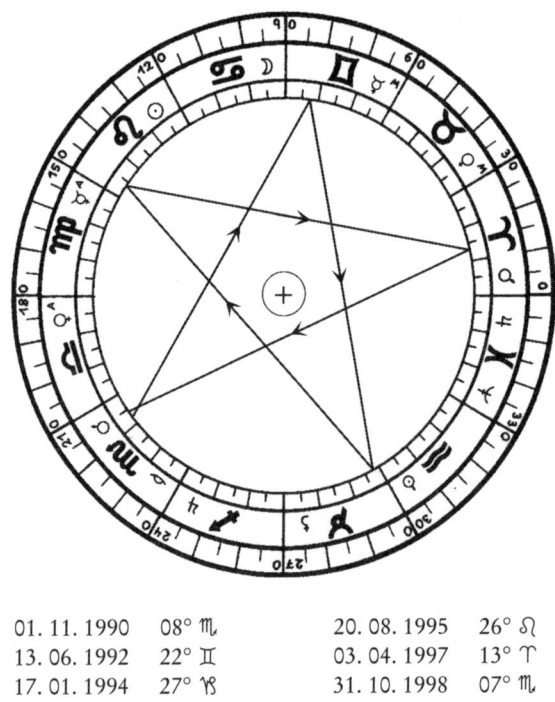

01. 11. 1990	08° ♏	20. 08. 1995	26° ♌
13. 06. 1992	22° ♊	03. 04. 1997	13° ♈
17. 01. 1994	27° ♑	31. 10. 1998	07° ♏

Abbildung 20: Venus Pentagramm obere Konjunktion
(Venus direktläufig)

Das wird noch viel deutlicher, wenn wir das Pentagramm der oberen Konjunktion und das der unteren Konjunktion zusammen auf ein Horoskopformular zeichnen. Dabei zeigen die durchgehenden Linien das Pentagramm der oberen Konjunktionen an, die gestrichelten Linien das Pentagramm der unteren Konjunktionen mit den Rückläufigkeiten der Venus.

Die zwei Pentagramme sind beinahe deckungsgleich, sie zeigen eine Ausgewogenheit an, die überraschend ist, und die schon die alten Astrologenpriester beeindruckt haben muss. Bei

*Abbildung 21: Beide Venus-Pentagramme übereinander. Durchgende
Linie obere Konjunktion, gestrichelte Linie untere Konjunktion ♀ᵣ*

dem hier vorliegenden Beispiel ist nur eine gewisse Disharmonie im Abschnitt Zwillinge zu erkennen. Hier klafft eine Lücke
von sieben Grad, aber was macht das schon bei einem Gesamt-
umkreis von 360°!

Die Zeitgesetze der Venus mit ihrer bestehenden Harmonie
werden noch verstärkt, wenn bedacht wird, dass 13 siderische
Umläufe der Venus (im Gegensatz zu den synodischen Umläufen) acht Erdenjahren entsprechen. Siderische Umläufe heißt,
von Stern zu Stern. Synodisch bedeutet in unserem Fall, von
einer Konjunktion mit der Sonne, zur folgenden Konjunktion
mit der Sonne. Das Verhältnis von 8 zu 13 entspricht nun fast
genau dem goldenen Schnitt. Allerdings ist dieser astrologisch
nicht so wichtig. Wichtiger ist dagegen der Umlauf des anderen
inneren Planeten, des Merkur.

In Anlehnung an Berthold Brecht kann man zum Verhältnis

41

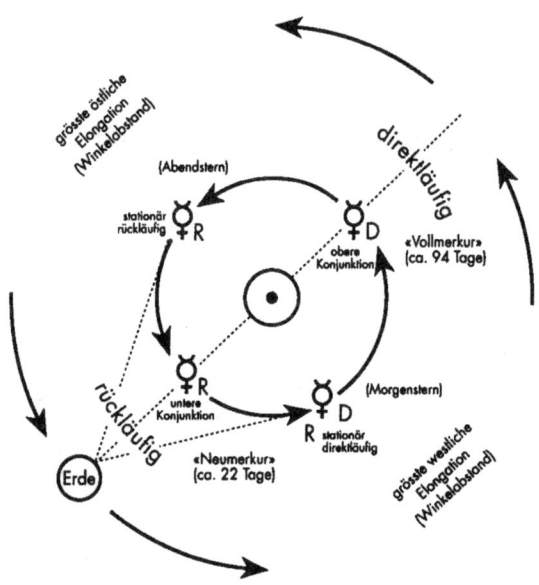

Abbildung 22: Die Bewegungen des Merkur[3]

Venus und Merkur sagen: »*… und die einen stehen im Dunkeln, die anderen stehen im Licht, doch die im Dunkeln sieht man nicht.*«

Merkur ist im Gegensatz zur hell im Licht stehenden Venus sehr schwer zu erschauen. Es dauerte daher Jahrhunderte, ehe die alten Astrologen den ganzen Lauf des Merkur erfassen konnten.

In der Mitte sehen wir das Symbol der Sonne, halblinks unten die Erde. Die Strecke, da Merkur rückläufig erscheint, ist klar eingezeichnet, wo er auch die untere Konjunktion mit der Sonne bildet. Nach dem größtmöglichen Abstand des Merkur zur Sonne (von der Erde aus gemessen), wird er »D«, also direktläu-

---

3 Diese Abbildung wurde dem Buch *Liebe – Opfer – Magie* (Edition Astrodata, Wettswil, 1993) entnommen.

fig. Es folgt die obere Konjunktion, die von der Erde aus nicht zu sehen ist. Deutlich ist zu erkennen, wann Merkur als Abend- beziehungsweise als Morgenstern erscheint. Der lange Zeit kaum beachtete Merkur hat jedoch auch seinen Zeitrhythmus, der zwar längst nicht so harmonisch wie der Rhythmus der Venus ist, aber er ist doch bemerkenswert, weil er im Gegensatz zum Fünfstern der Venus, den Sechsstern an den Himmel zeich- net.

Merkur und sein Hexagramm

Der größte Abstand der Elongation des Merkur zur Sonne beträgt 28°. Dadurch kommt der wieselflinke Götterbote Merkur viel häufiger zur oberen oder unteren Konjunktion mit der Sonne. Merkur ist nun in unseren Breiten schwer zu erblicken. Es gibt zum Beispiel die Legende, dass es Kopernikus nie vergönnt war, ihn zu sehen, obwohl er sich extra gen Süden auf Reisen machte, um diesen Planeten zu schauen.

Merkur ist als Morgen- und Abendstern sehr selten sichtbar, weil er – wenn überhaupt – immer nur in der Morgen- oder Abenddämmerung zu erblicken ist. Ausnahmen sind sehr selten. In unseren Breiten kann man den kleinen Planeten mit bloßem Auge höchstens 15 bis 18 Stunden im Jahr sehen. Es gehört also Fortune dazu, Merkur sichtbar zu erleben.

Und doch ist dieser Planet sehr wichtig. Er gilt als der Adjutant der Sonne, als der Götterbote. Wer zur Sonne will, muss kurz vorher oder hinterher mit Merkur zusammentreffen. Da Merkur ein ebenso bleiernes Licht hat wie Saturn, wurde er auch oft als Abgesandter des Saturn bei der Sonne betrachtet, was durchaus logisch erscheint, während Venus als Abgesandte des Jupiter betrachtet wurde.

Bei Merkur gelten dieselben Gesetze wie bei der Venus, was die Rückläufigkeit und die oberen, beziehungsweise die unteren Konjunktionen betrifft. Auch Merkur ist bei der unteren Konjunktion immer rückläufig und wandelt sich in dieser Zeit vom Abend- zum Morgenstern, nur geht der Wechsel hierbei sehr schnell.

Im Dezember 1997 ist Merkur am 9. des Monats rückläufig und am 28. bereits wieder direktläufig, also nur 19 Tage rückläufig. Manche Rückläufigkeiten sind natürlich länger, so etwa 24 - 25 Tage. Die Rückläufigkeiten des Merkur finden sehr oft statt. Der durchschnittliche synodische Umlauf des Merkur beträgt 116 Tage. Dieser Umlauf kann aber auch schwanken. Manche Synoden dauern nur 104, andere hingegen 132 Tage. Dies bedeutet, dass Merkur jedes Jahr mindestens dreimal Abendstern und dreimal Morgenstern ist.

Aber dreimal 116 Tage ergeben noch kein volles Jahr. Es sind nur 348 Tage, es fehlen 17 bzw. 18 Tage zum vollen Jahr. Die Folge ist, dass alle sieben Jahre eine zusätzliche Merkursynode stattfindet. Das alles ist jedoch astrologisch nicht bedeutend, es ist eher numerologisch interessant.

Aber etwas anderes ist beim Merkurrhythmus auffälliger.

Jeder weiß, dass die Sonne Jahr für Jahr ihren ungefähren Ausgangspunkt erreicht. Aber das Verhältnis zum Merkur ist nur alle 33 Jahre gleich! Zweimal im Leben, also nach 33 und nach 66 Jahren wäre das Zusammenwirken der Sonnen- und der Merkurkraft zu überprüfen. Bei Beratungen kann dann ausgelotet werden, ob die betreffenden Personen ihre Anlagen und Möglichkeiten, die die Sonne im Zusammenhang mit dem Merkur als Symbol des Denkens und Handelns im Geburtshoroskop anzeigen, auch erfüllt haben. Der 33. und der 66. Geburtstag sind demnach wichtige Daten. Einmal strebe ich auf meine Lebens- und Berufshöhe zu und einmal habe ich mich auf das Lebensalter einzustellen. Bei 66 Jahren merken es die Menschen fast von selbst und suchen nach Sinnerfüllung, weniger bemerkbar wird dies mit 33 Jahren.

Wir erkennen einmal das Dreieck der oberen Konjunktion, beginnend am 4. Februar bei 15° Wassermann zu 4° Zwillinge am 25. Mai und von dort zu 16° Jungfrau am 9. September, dann zurück zu 15° Wassermann, wozu noch etwas zu sagen sein wird.

Das Dreieck der unteren Konjunktion: Beginnend am 20.

Obere Konjunktionen		Untere Konjunktionen	
04. 02. 1999	15° ♒ ☿ᴬ	20. 03. 1999	29° ♓ ☿ᴹ
25. 05. 1999	04° ♊ ☿ᴬ	27. 07. 1999	03° ♌ ☿ᴹ
09. 09. 1999	16° ♍ ☿ᴬ	16. 11. 1999	23° ♏ ☿ᴹ

Abbildung 23: Hexagramm des Merkur im Jahre 1999

März 1999 auf 29° Fische zu 03° Löwe am 27. Juli und von dort zu 23° Skorpion am 16. November.

Merkur ist bei der unteren Konjunktion stets rückläufig (R). Dies ergibt ein Hexagramm, welches aber nicht ganz echt ist. Das gilt nämlich nur dann, wenn die dritte Linie zum Ausgangspunkt des ersten Datums zurückgeführt wird, also 15° Wassermann. Dasselbe gilt beim ersten Datum der unteren Konjunktion, also 29° Fische. Wird der Lauf des Merkur ins Jahr 2.000 weiter verfolgt, dann bekommen wir nur ein »fast« geschlossenes Hexagramm.

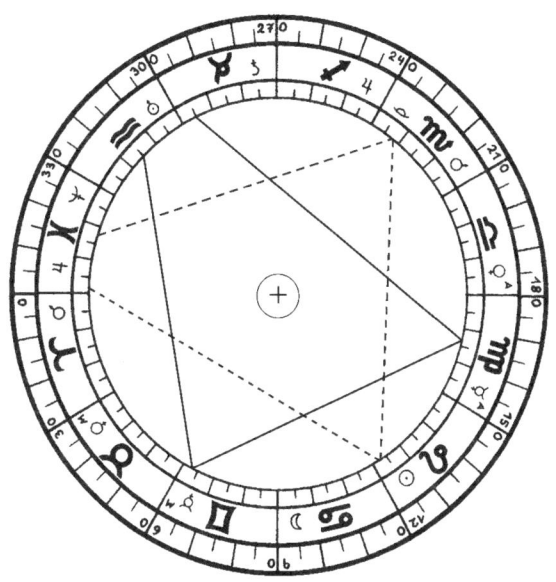

Obere Konjunktionen		Untere Konjunktionen	
04. 02. 1999	15° ♒ ☿△	20. 03. 1999	29° ♓ ☿ᵣ
26. 05. 1999	04° ♊ ☿△	27. 07. 1999	03° ♌ ☿ᵣ
09. 09. 1999	16° ♍ ☿△	16. 11. 1999	23° ♏ ☿ᵣ
16. 01. 2000	25° ♑ ☿△	02. 03. 2000	11° ♓ ☿ᵣ

Abbildung 24: Hexagramm des Merkur bis 2000

Hier wird das Dreieck nicht zum Ausgangspunkt zurückgeführt, sondern der Lauf des Merkur weiterverfolgt. Also bei der oberen Konjunktion als Abendstern (durchgehende Linien) zu 25° Steinbock am 16. Januar des Jahres 2000. Und bei der unteren Konjunktion (gestrichelte Linien) zu 11° Fische am 2. März des Jahres 2000.

Dann haben wir zwar ebenfalls zwei fast gleichseitige Dreiecke, die jedoch nicht ganz geschlossen sind, aber das Hexagramm ist zu erahnen.

Was stellt nun ein Hexagramm dar? Zwei Dreiecke, die in sich verschlungen sind, wurden stets als Hexagramm bezeichnet. (Dreieck mit sechs Spitzen). Das Hexagramm war auch das Siegel Salomons, das Siegel der Weisheit. In Kirchenfenstern in der Kathedrale in Basel kann man »den Herrn« in einem Hexagramm sitzen sehen.

Das Hexagramm ist auch nicht wie das Pentagramm irgendwie umzukehren, so dass es anders aussieht, sondern es bleibt in sich immer gleich. Es mag zum Merkur passen, dass das Hexagramm mit den sechs Spitzen auch darauf hinweist, dass numerologisch die Zahl Sechs dem Merkur zugeordnet wurde. Dieses Hexagramm wurde allerdings in der Geschichte der Astrologie nicht zu sehr beachtet, weil es von dem Hexagramm, das Jupiter und Saturn am Himmel bilden, in den Schatten gestellt wurde. Alle zehn Jahre treffen sich Jupiter und Saturn entweder in der Konjunktion oder in der Opposition, was dann auch zwei Dreiecke ergibt: Das Dreieck der Konjunktion (alle 20 Jahre) und das Dreieck der Opposition (auch alle 20 Jahre). Dieses große Siegel Salomons war imponierender als das des Merkur.

Und doch hängen beide Hexagramme symbolisch gesehen zusammen. Das Hexagramm des Merkur ist durchaus so zu verstehen, dass alle Merkurkräfte sich mit dem großen Siegel Salomons auseinander setzen sollten. Bedenkt man, dass Jupiter unsere Entfaltung mit all ihren Gefahren symbolisiert, Saturn dagegen die Verwurzelung und die Konzentration, und dass diese beiden Kräfte zu einer Balance zu kommen haben, dann hat das Symbol des Denkens und Handelns viel zu tun, um dies in die Realität umzusetzen.

Merkur wird in der Deutung wie in den Deutungsbüchern weit unterschätzt, dabei repräsentiert er im Grunde das Gottesgeschenk für die Menschen: Nämlich den Verstand und die Kraft über alle anderen Lebewesen hinauszuwachsen. Sicher hat die Überbetonung des Verstandes auch viel Leid über die Welt gebracht, aber um dieses zum Teil sehr große Leid auszugleichen, wird wieder Merkurkraft benötigt.

Die Weisheit war stets das Ziel der großen Menschenlehrer,

aber die Weisheit ist eben schwer zu erreichen. Hier steht Merkur oft vor einer Mauer, denn der Verstand allein kann nicht zur Weisheit gelangen, so muss Merkur, als Adjutant des Saturn und der Sonne, alle Kräfte zusammenführen. Er muss der Planet sein, der mit Recht als Mittler zwischen Himmel und Erde angesprochen wird.

Deswegen sind auch die zwei Seiten des Merkur als Morgen- oder Abendstern sehr wichtig. Sowohl die Liebe zum Leben (Abendstern), als auch die Bereitschaft des Aufopferns in der Realität (Morgenstern), muss Merkur in sich verbinden. Dabei darf er die Lebenskräfte der Sonne nicht überstrapazieren, denn er steht diesen Lebenskräften (Sonne) von allen Planeten am nächsten.

Aber Merkur darf auch nie die Verbindung zur Venus verlieren. Es ist in einem Grundhoroskop höchst interessant, ob Venus und Merkur entweder beide Abendstern oder beide Morgenstern sind. Auf den ersten Blick erscheint es oft ausbalancierter, wenn der eine innere Planet am Morgen sein Licht sendet und der andere am Abend. Aber das kann selbstverständlich nur im Gesamtzusammenhang gesehen werden. (Näheres auch bei Transiten und Direktionen im folgenden Kapitel).

In den Mythen, die sich nun einmal aus den Sternbildern entwickelt haben, gilt Merkur als der Mittler zwischen den Gottheiten und den Menschen und umgekehrt. Merkur berichtet den Menschen von den Göttern und den Göttern von den Menschen. Dies führte nun dazu, dass man folgerte: Merkur als Morgenstern weilt bei den Menschen, Merkur als Abendstern ist jedoch hoch oben im Olymp, was viel zur unterschiedlichen Deutung der beiden Erscheinungsformen des Merkur beitragen kann.

Merkur als Abendstern zeigt also auch eine Hinwendung zu höheren Kräften, er erbittet den Segen für seine Taten, während Merkur als Morgenstern die Realität vernünftig meistern und seine Verstandes- und Handlungskräfte ganz dem Realen zuwenden sollte. Daher kommt im Grunde auch der Satz, »dass alles seine Zeit habe«. Ein typischer Merkursatz, der nur aus einer Doppelgesichtigkeit der beiden Erscheinungsformen zu verstehen ist, der aber auch das verschiedene Betrachten und Deuten dieses Phänomens unterstreicht. Der Satz, so merkurisch er ist, muss auch die jeweilige Venuskraft berücksichtigen, wenn sie gefragt ist.

Um Merkur als Morgen- oder Abendstern ranken sich viel weniger Mythen als um den Venusstern. Das ist verständlich, weil Merkur erstens weniger gut zu erkennen ist und zweitens nicht diese enge Verbindung mit der Mondsichel aufweist.

Aber alle Zwillingsmythen deuten auf Merkur in seinen beiden Erscheinungsformen hin. Vor allem die Zwillingsgeschichte der beiden Dioskuren aus Delphi. Als das Fest der Hera gefeiert wurde, konnte die große steinerne Figur dieser Göttin nicht in das Theater von Delphi gezogen werden, weil wegen eines Sturmes im Golf von Korinth das Ochsengespann nicht nach Delphi gelangen konnte.

Da spannten sich die beiden Dioskuren vor das Monument der Hera und zogen es unter größter Anspannung zum Weiheort. Eine echte Tat im Sinne des Morgensterns. Dann fielen sie erschöpft um. Aber Hera belohnte die Dioskuren und ließ sie für den Rest ihres Lebens träumend schlafen. Damit wurde deutlich die Seite des Abendsterns unterstrichen. Ob dies jedoch eine wahre Belohnung war, ist zweifelhaft, denn die Zwillinge verschliefen so ihre Aufgabe, die der Morgenstern allen stellt.

Merkur (bei den Griechen Hermes) weist noch eine andere Eigenschaft auf, die ihn von der Venus unterscheidet. Hermes war der Sohn des Zeus, bei den Römern Jupiter genannt. Er war die einzige Gottheit des Olymps, die in der Unterwelt des Hades ein- und ausgehen konnte, ohne dass ihr etwas Böses geschah. Kein anderer kam aus dem Reich des Hades heraus, der sich einmal dort hineinbegeben hatte – außer Hermes/Merkur. So wie es für den Morgenstern kein Drama ist (die Mondsichel fehlt), in die Strahlen der Sonne zu gehen. Merkur macht es nichts aus, die Unterwelt aufzusuchen.

50

Mit Verstand und Realitätssinn ist folglich auch die Unterwelt zu meistern, weil diese gleichzeitig als Welt der Erneuerung begriffen werden muss. Merkur nimmt die Angst vor dem Cerberos, und es heißt in den Mythen sogar, dass Hermes/Merkur die Seelen wieder aus der Unterwelt heraus führt. Astrologisch mag dies interessant sein, wenn bei einer unteren Konjunktion zwischen Sonne und Merkur auch der Mond oder einer der Mondknoten mit eingebunden ist. Hermes/Merkur als Seelenführer, als Besucher der Unterwelt, ist damit weit über seinen Vater Zeus/Jupiter hinausgewachsen, der sich ja nur noch zum Himmel orientiert.

Saturn hat seine Wurzeln sicher in der Tiefe, und wiederum fällt es Merkur zu – man denke an die Hexagramme – die Balance zwischen Entfaltungsstreben und tiefer Verwurzelung zu finden. Hermes/Merkur galt immer als die menschlichste Gottheit, und der Mensch schwebt ja sein ganzes Leben lang zwischen Himmel und Hölle oder mythisch ausgedrückt, zwischen Olymp und Hades. Diese Spannweite verführte Merkur auch dazu, gewisse Intrigen zu spinnen oder er erlag der Versuchung zu Listen zu greifen. Als Morgenstern mag er der Trickser sein, als Abendstern jedoch der Philosoph. Hermes/Merkur weiß immer einen Weg, denn er ist der Herr der Wege, selbstverständlich auch der Herr der krummen Wege. Wer stets aus dem Hades herausfindet, der ist nie verloren, immerhin führt Hermes, im Auftrag von Zeus, Persephone, die geraubte Tochter der Demeter, mit einem goldenen Wagen aus der Unterwelt heraus. Wer – einen Tag alt – die Viehherde des Apollon stiehlt, und den Tieren Grasschuhe über ihre Hufe zieht, damit keine Spuren hinterlassen werden, der findet immer einen genialen Ausweg aus allen verzwickten Lebenslagen.

Dies bewirkt der schnelle Wechsel zwischen Abend- und Morgenstern und umgekehrt. Philosophie und schlauer Tageswitz sind die Grundlage, auch als Halunke die Welt zu meistern. Vergessen sei auch nicht, dass Hermes den Herakles in den

Hades führte, als dieser seiner elften Arbeit, den Cerberos zu entführen, nachkommen wollte.

Interessant sind noch die zwei Adler, die Zeus in Delphi an dem Nabel der Welt nach Ost und West aufsteigen ließ, um die Ost- und Westgrenzen zu markieren (also Aszendent und Deszendent). Dies geht auf die Ägyptischen Horusfalken zurück, die dieselbe Aufgabe hatten. Und Horus ist ja in gewisser Beziehung der Vorläufer des griechischen Hermes.

Noch ein Blick nach Rom, wo es ebenso – wenn auch wenige – Mythen um den Morgen- und Abendstern gab. Jede Familie in Rom kannte die Laren. Die Laren waren Geister der Verstorbenen, die sich in die Belange der Haushalte einmischten. Der schon erwähnte Dichter Ovid berichtet, dass diese Laren in Wahrheit Kinder des Merkur und der Lara waren.

Lara war eine alte Todesgöttin, die auch Lala gerufen wurde. Merkur bemächtigte sich dieser Todesgöttin und brachte sie zurück in die Unterwelt. Lara sträubte sich, aber sie konnte nicht um Hilfe rufen. Sie hatte einmal einen Plan für eine Verführungsaktion des Jupiter verraten, weswegen sie dieser mit ewiger Stummheit strafte.

Auch hier erkennen wir die enge Verbindung des Merkur zur Unterwelt. Eine letzte Beziehung zur Symbolik des Abendsterns sei noch aufgezeigt. Das war die Musikalität des Hermes/Merkur, der aus dem Panzer einer Schildkröte eine Lyra gestaltete, die so lieblich klang, dass Apollon ihn bat, ihm dieses Instrument zu schenken. Dafür durfte Hermes dann auch die gestohlenen Rinder behalten.

Die Rückläufigkeit
von Merkur und Venus

Die Rückläufigkeit dient bestens dazu, den Unterschied zwischen Astronomie und Astrologie aufzuzeigen. Astronomisch gibt es keine Rückläufigkeit. Aber von der Erde aus gesehen scheint es oft, als würden sich Gestirne (ohne Sonne und Mond) gegen den Tierkreis, also in Uhrzeigerrichtung bewegen. Woher kommt dieser optische Eindruck?

Man stelle sich vor, dass eine Eisenbahn in einer ziemlich langen aber engen Kurve fährt. Dieselbe Kurve macht aber auch eine Landstraße, die jedoch in recht weitem Abstand von der Eisenbahn angelegt wurde. Auf der Landstraße fahren Autos, die in der Kurve von der Eisenbahn überholt werden. Blicken die Fahrgäste im Zug gegen die Fahrtrichtung, sieht es so aus, als würden die Autos zurückbleiben. Dieses Bild ist nur ein Schein, denn in Wahrheit fahren auch die Autos in derselben Richtung wie der Zug.

Die Astrologie geht nun stets von dem aus, was zu sehen ist, wobei ein Ort der Erde den Beobachtungspunkt darstellt. Was gesehen wird, ist für die Astrologie Tatsache, ist Realität, ist in die Beurteilung einzubeziehen.

Einige Astrologen vertreten nun vehement die Meinung, dass nur zur Astrologie gehört, was gesehen wird. Die Knoten der Planeten etwa werden nicht deutlich gesehen, im Gegensatz zu den Mondknoten, die an den Finsternissen beteiligt sind. Auch andere nicht sichtbare Punkte (etwa Lilith) werden von diesen Astrologen abgelehnt, weil der schwarze Mond nicht erschaut

53

werden kann. Jeder Astrologe muss da seine eigene Erfahrung machen. Die Rückläufigkeit aber ist sichtbar.

Es gibt nun zahlreiche Deutungsmöglichkeiten für die Rückläufigkeit, doch es empfiehlt sich, dieses Bild so einfach wie möglich zu interpretieren.

Der Tierkreis, also der scheinbare Jahresweg der Sonne, ist schon von den Jahreszeiten her sehr klar aufgebaut. Es beginnt alles am Frühlingspunkt und wandert durch Frühling, Sommer, Herbst und Winter. Die Sonne – und eigentlich gilt ja der Tierkreis nur für sie – macht eine stete Entwicklung durch. Ist sie am Ende, also bei den Abschnitten Wassermann oder Fische angelangt, beginnt die Entwicklung von vorn, aber eine Stufe höher. So verläuft auch die Entwicklung eines jeden Menschen, vielleicht mit dem Unterschied, dass der Startpunkt nicht der Frühlingspunkt, sondern der Geburtstag ist.

Steht etwa die Sonne im Abschnitt Krebs, Merkur als Abendstern im Abschnitt Löwe, und Venus als Abendstern im Abschnitt Jungfrau, dann sind beide Sterne der Sonne in der Entwicklung voraus. Das Gefühls- und Kunstempfinden (Venus) und das Denken und Handeln (Merkur) sind in ihrer Entwicklung also weiter als der Lebenskern. Aber alles, was zu weit voraus ist, muss eines Tages zurückgenommen werden. Oder anders: die Entwicklung der Kräfte, die von Merkur und Venus symbolisiert werden, sollten der Entwicklung des Lebenskerns nicht zu sehr enteilen. Man kann hier einen berühmten Politikerspruch abändern: »Wer zu schnell ist, den bestraft das Leben,« wenn dies nicht erkannt wird. Das trifft natürlich fast nur auf die inneren Planeten zu, die aufeinander angewiesen sind. Der Lebenskern, das Denken und Fühlen, gehören nun einmal zusammen.

Was sich vielleicht zu schnell entwickelt, muss auf seine Qualität untersucht, muss also zurückgenommen, überprüft werden. Jeder Autofahrer weiß, dass man eine Strecke der Landstraße erst dann richtig kennt, wenn man sie mehrmals gefahren ist. Die Rückläufigkeit der inneren Planeten kann als Sitzenbleiberaspekt bezeichnet werden. Man fühlt sich oft zu früh fit, muss dann aber einsehen, dass man doch nicht genügend trainiert hat. Die Adepten Ägyptens wussten dies. Wer sich von den Eingeweihten reif genug fühlte, einen Priesterberuf auszuführen, der durfte sich der Priesterklasse zuwenden und wurde auch aufgenommen. Dieselbe Entscheidung traf der Betroffene für sich, wenn es um die Aufgaben eines Hohepriesters ging. Aber von den Betroffenen wurde auch die Kraft verlangt, sich selbst zurückzustufen, wenn sie bemerkten, dass sie mit den Aufgaben überfordert waren, die dieses Priestertum an sie stellte.

Die Astrologie erleichtert uns hier so manche Entscheidung: Wenn etwa die Venus, die ja auch künstlerische Träume oder Illusionen – vielleicht in Verbindung mit Neptun – symbolisiert, anzeigt, dass sie umkehren muss, um wieder die Realität zu begreifen und umzusetzen. Deswegen kann sich auch der Merkur viel weniger weit von der Sonne entfernen, denn die Merkurkräfte dürfen die Bodenhaftung am wenigsten verlieren. Rückläufigkeit der inneren Planeten heißt also: Überprüfung, Nachlernen, Vernunft walten lassen, die Realität nicht aus den Augen verlieren.

Umgekehrt ist – wenigstens was die inneren Planeten betrifft – der Vorgang natürlich genauso.

Oft wird gesagt, bei einer Rückläufigkeit des Merkur dürfe man kein Geschäft abschließen, kein Auto kaufen usw. Also das wäre doch etwas zu fatalistisch und dafür geben sich die Lichter des Himmels nicht her, da werden sie missbraucht, wenn dieser Missbrauch auch immer wieder zu bemerken ist. Wer stets und nur in der Realität gefangen ist, der verliert den Blick über den Tellerrand hinaus, der entwickelt keine Visionen und hat kaum Hoffnungen; im Grunde sind das dann die Menschen, die sich nicht einmal mehr über einen Sonnenaufgang freuen.

Auch hier zeigen Merkur und Venus in der Wandlung der oberen Konjunktion vom Morgen- zum Abendstern an, dass das Leben noch andere Perspektiven hat, als nur die der engen Begrenzung des Alltags.

Symbolisch wagen diese Menschen nie mehr einen Sprung ins kalte Wasser und spüren nicht die erfrischende Abwechslung, die einem das Leben mit den vielen Zukunftsausblicken noch bietet.

Mit dem Abendstern sind geistige, auch körperliche, aber vor allem seelische Ausflüge zu planen, man sagt dann, dass sich diese Menschen auf einem inneren Flug befinden.

Leider hat jeder Flug mal ein Ende, und dem Flug zum Himmel muss die Realität der Landung auf die Erde folgen. Diesen Rhythmus für sich zu finden, dafür stehen uns die zwei verschiedenen Erscheinungsbilder der Planeten Merkur und Venus zur Verfügung. Wer diesem Rhythmus nachstrebt, der findet dann sicher auch die so oft angepriesene Mitte.

Es sei jedoch davor gewarnt, diese Suche nach der Mitte oder die richtige Balance über die Transite der Abend- oder Morgensterne zu suchen.

Stufen, die zur Reife führen, brauchen länger, als eine 20-tägige Merkurrückläufigkeit anzeigen kann. Selbst die Venustransite der Rückläufigkeit sind zu gering. Die Beachtung der beiden Erscheinungsformen gilt für die große Linie. Die Grundaufgabe und die Entwicklungshinweise können jedoch viel besser über die Direktionen erkannt werden, worüber noch zu sprechen sein wird.

Es gibt den alten Spruch, dass die gefährlichste Krankheit der Astrologen die »Transitis« ist. Daran ist viel Wahres. Wer dagegen mit dem Solar arbeitet, der sollte durchaus Abend- oder Morgenstern von Venus und Merkur berücksichtigen und auch die Rückläufigkeit – wenn vorhanden – mit in die Vorausschau einbeziehen. Ein Solar ist ein Startpunkt der Transite, und man kann durchaus der Meinung sein, dass der Start – wie die Geburt – ein entscheidender Moment ist. Es wäre dann jedoch zusätzlich die Bindung zum Radix zu beachten, ob nämlich Merkur im Solar zum Beispiel Morgenstern ist, während er im Grundhoroskop als Abendstern steht. Da Merkur ja mindestens dreimal im Jahr retrograd ist, erübrigt sich jede Diskussion über seine Transite, die – wenn überhaupt – auch nur im Zusammenhang mit der Sonne gesehen werden dürften.

Gerade bei den Transiten zeigt sich wieder mal, dass in der Beschränkung erst eine Meisterschaft zu erkennen ist, was ganz besonders für die inneren Planeten gilt. Ab dem äußeren Planeten Mars sieht dieser Blickpunkt ganz anders aus.

Die Deutung

Venus und Merkur als Morgen- oder Abendstern sind besonders zu beachten:

- Beim Grundhoroskop oder Radix
- Beim Grundhoroskop mit Neumond vor Geburt
- Beim Progressionshoroskop oder dem Horoskop der Se-
  kundärdirektionen.

Zuvor ist aber zu klären, was das Horoskop überhaupt aussagt.
Das Horoskop zeigt uns Charakterveranlagungen – nicht den
Charakter eines Geborenen. Den Charakter muss sich jeder
selbst erarbeiten, oder er bildet sich von allein heraus. Veranla-
gungen zur Entwicklung und Festigung des Charakters sind
allerdings zu erkennen.

Das Horoskop zeigt ferner die Begabungen, die Talente und
das, was die Horoskopeigner eventuell vermögen! Es zeigt jedoch nicht an, ob sich diese Talente und Gaben zu echten Stär-
ken entwickeln oder ob sie »den Bach heruntergehen«. Außerdem sieht man gewisse Berufsrichtungen, aber nicht den Beruf
selbst. Hier heißt es, dass alle Horoskopeigner selbst die Meister ihres Lebens sind. Auch Liebe und Tod stehen nicht im
Horoskop. Sicher findet man im Geburtsbild Hinweise für die
Einstellung zum Du, sind gewisse erotische Neigungen zu erkennen, aber es ist nicht zu sehen, wie und ob eine Partnerschaft
ausgefüllt wird oder ob sie überhaupt gelingt. Hinzu kommt,
dass Liebe nicht im Horoskop steht, auch nicht, ob künstleri-

sche Begabungen positiv ausgefüllt oder negativ verschleudert werden.

Genauso wenig ist herauszulesen, ob die Horoskopinhaber über sich hinauswachsen oder eventuell vor die Hunde gehen. Beim Horoskop ist immer der Satz zu berücksichtigen: *»Wir kommen mit versiegelten Befehlen auf die Welt«.* Die Siegel muss jeder für sich aufbrechen, was nur durch eigenen Einsatz geschehen kann. Genauso gibt es keine guten oder schlechten Horoskope! Zwar hört man immer wieder das große Stöhnen: »… Na, bei meinem Horoskop!« Falsch! In jedem Horoskop sind alle Weichen der Lebensgleise aufgeführt, nur ist mit Hilfe eines Radixbildes besser zu erkennen, die richtigen Weichen zur richtigen Zeit zu stellen. Und wenn einmal die Weichen falsch gestellt wurden, dann vermag die Horoskopskizze aufzuzeigen, wie diese umgelegt werden müssen.

Mit einem anderen Vorurteil sei ebenfalls gleich aufgeräumt. Sicher ist wohl schon deutlich geworden, dass Venus als Abendstern mehr künstlerische Aufgaben signalisiert als Venus als Morgenstern. Aber selbstverständlich gibt es auch große Künstler, mit Venus als Morgenstern! Und wer die Kunst erobern will, der sollte sich dadurch nicht abschrecken lassen. Nur sind die einzuschlagenden Wege andere, als wenn der Abendstern bei der Geburt geleuchtet hätte. Hier ist der Gesamtüberblick stets zu berücksichtigen. Es gibt Menschen, die mit Venus als Abendstern nie in ihrem Leben einen Zugang zur Kunst fanden, das könnte dann durch andere Faktoren erkennbar sein.

Merkur als Morgenstern

Als Morgenstern symbolisiert Merkur im Grunde die Kräfte, die die Menschen benötigen, um ihr Leben zu fristen. Dies war zuerst die Einsicht von den Göttern abhängig zu sein, und später der Gebrauch des Verstandes, was den Menschen vom Tier unterschied. Schließlich der Aufbau der Zivilisation über die Arterhaltung der Tiere hinaus, und dann das Wissen, dass das Leben begrenzt ist, dass am Ende der Tod steht.

Merkur als Morgenstern ist in diesem Sinne ein gefährlicher Verführer, weil er sozusagen den Menschen einredet: Ihr könnt mit dem Verstand alles besser machen als das, was ihr vorfindet. Diese gewaltige Verführung wurde besonders stark, als Uranus 1781 entdeckt wurde und das Signal für die Technisierung der Welt gab. Uranus wurde völlig richtig immer als höhere Stufe des Merkur eingeschätzt. Hier sollte ergänzt werden: in erster Linie des Merkur als Morgenstern. Erst in zweiter Linie des Merkur als Abendstern.

Merkur ist auch Symbol für die Handhabung des Praktischen, der Fingerfertigkeit. Kein Wesen auf der Welt kann seine Hände (oder Pfoten) so geschickt benutzen wie der Mensch. Dies ist eine ausgesprochene Stärke des Merkur. Neben dem Praktischen symbolisiert er als Morgenstern das Vernünftige. Als Abendstern ist er aber nicht immer vernünftig, wenn auch in sich logisch. Merkur symbolisiert den Gebrauch der Sprache und der Schrift, eigentlich jede Kommunikation. Dazu kommt die Gabe, alles in erster Linie von der praktisch verwertbaren Warte aus zu betrachten und zu beurteilen.

In der Tradition der Astrologie hat sich nun herausgebildet, dass jedem Tierkreisabschnitt ein Planet zugeteilt wurde.

Leider wird er oft als »Herrscher« bezeichnet, besser wäre es vielleicht zu sagen, dass in diesem oder jenem Tierkreisabschnitt, dieser oder jener Planet seine verwandte Kraft findet. Wenn dem so ist, dann gehört Merkur als Morgenstern zum Abschnitt Zwillinge.

Groß und ganz oben steht in der Tradition, dass der Abschnitt Zwillinge etwas mit der realen Kommunikation zu tun hat. Merkur als Morgenstern symbolisiert dies sowie die Kommunikation mit sich selbst. Der Verstand will seine Tiefe, seine Seele kennenlernen. Merkur als Morgenstern liegt daher oft mit sich selbst im Kampf. Dem Abschnitt Zwillinge (Sonne in Zwillinge) sagt man nach, dass diese Menschen immer gerne auf zwei Hochzeiten tanzen würden. Aber gerade bei den Tierkreisabschnitten sollte man sich vor Pauschalurteilen hüten! Dazu sind im Lauf der Geschichte die Tierkreisabschnitte zu unterschiedlich beurteilt worden.

Deutlicher ist die Zuordnung des Merkur als Morgenstern zum dritten Haus. Das dritte Haus ist unter anderem das Haus des Alltags, und der Alltag macht gut 90% unseres Lebens aus. Hier entfaltet Merkur als Morgenstern seine Kräfte, da er weniger für die hochfliegenden Pläne und Vorhaben zuständig ist, sondern für den Kampf um das gewöhnliche Überleben.

Wichtiger als der Gang durch den Tierkreis ist also der Gang durch die Häuser, auch wenn die Sonne sehr oft im gleichen Haus steht. Die folgenden Hinweise sind aber nur als Anregung zu verstehen. Jeder soll zu seiner individuellen Deutung kommen, doch manchmal ist dazu ein kleiner Scheinwerfer recht nützlich.

Merkur als Morgenstern
in den einzelnen Häusern

Im ersten Haus: Hier werden die entsprechenden Merkurkräfte für die Eigendurchsetzung eingesetzt. Das erste Haus symbolisiert nun einmal das Egozentrische der Horoskopeigner. Der Lebenswille, die eigene Durchschlagskraft sind hier abzumessen.

Im zweiten Haus: Hier geht es um das Vermögen, aber nicht nur im materiellen Sinn, sondern auch um das, was man vermag, also um die Talente und Gaben, die jeder mitbekommen hat. Die sind in erster Linie mit den Kräften des Merkur als Morgenstern umzusetzen und zu realisieren. Vernunft und klarer Kopf sind gefragt.

Im dritten Haus: Schon beschrieben.

Im vierten Haus: Merkur als Morgenstern zeigt sich dem Erbe, der Familie, der Heimat sehr verbunden. Auswandern scheint kaum empfehlenswert, obwohl viele Gedanken in diese Richtung gehen. Besser wäre es, sich für Haus und Hof einzusetzen und die Heimatpflege nicht zu vernachlässigen (etwa als Journalist).

Im fünften Haus: Hier wollen die Merkurkräfte kreativ sein, aber eine freiwillige Beschränkung auf nicht zu hohe Ziele scheint geboten. Wenn Merkur als Morgenstern bei einem Elternteil in diesem Haus steht, dann werden es die Kinder gut haben, wenn sie vielleicht auch etwas zu sachlich erzogen werden.

Im sechsten Haus: Hier steht Merkur als Morgenstern nicht in seinem eigenen Haus, also nicht stärker als in den anderen Häusern, mit Ausnahme des dritten Hauses. Aber der Realitäts- und Opfersinn dieses Planetensymbols symbolisiert hier durchaus die Fähigkeit, seine Pflichten gut zu erfüllen sowie die Bereitschaft für andere da zu sein. Die Hilfen, die hier gegeben werden, sind in erster Linie auf das Mögliche umzusetzen. Man verlässt sich auf das Vertraute.

Im siebten Haus: Die Partnerschaft wird nicht nur mit Liebe, sondern auch mit Vernunft angegangen. Ist sie aber beschlossen, dann richten sich die Merkurkräfte darauf ein, die Bindungen nicht durch Unsinnigkeiten oder Abenteuer aufs Spiel zu setzen.

Im achten Haus: Alle Grenzfragen, Probleme des Todes, das Psychosomatische, die Esoterik werden mit den Augen der realen Vernunft gesehen. Aber die Vorstellung, dass alles aus dem psychosomatischen Bereich kommen soll, das wird abgelehnt!

Im neunten Haus: Die Sehnsucht nach der Ferne wird – wenn überhaupt – über Geschäftsreisen abgebaut. (Ferienreisen gelten nicht). Das ideell Anzustrebende sollte überschaubar bleiben, die hohen Ziele müssen umsetzbar sein.

Im zehnten Haus: Hier bürgt Merkur als Morgenstern für gute Berufsausfüllung, für Verlässlichkeit, solange alles überschaubar und geordnet bleibt. Die Achtung in der Außenwelt ist wichtig, aber nicht so wichtig, dass alles auf den Kopf gestellt wird.

Im elften Haus: Freunde werden auch nach der Nützlichkeit ausgesucht, aber die Gemeinschaft ist notwendig. Es ist meist auch eine gute Lehrbegabung zu finden. Man spricht die gleiche Sprache, versteht sich unter Freunden ohne Worte. Partner werden bis an ihr Lebensende treu begleitet. Fühlen sich diese Menschen jedoch ausgenutzt, ziehen sie sich lautlos und schnell von diesen Schmarotzern zurück.

Im zwölften Haus: Merkur als Morgenstern zieht hier Bilanz. Sehr hart und gnadenlos auch gegen sich selbst. Das zwölfte Haus ist ja wie das erste Haus recht egozentrisch ausgerichtet.

Merkur als Morgenstern kann an diesem Ort sehr schweigsam sein, was sonst nicht seine Art ist, oder er zieht sich in die Einsamkeit zurück. Einmal im Jahr kommt der Merkur immer in dieses Haus, wenn auch nicht immer als Morgenstern, da wird harte Bilanz gezogen. Diese kann die Lebenseinstellung sogar recht deutlich verändern.

Merkur als Morgenstern und die anderen Planeten

Da es keine guten oder schlechten, keine harmonischen oder unharmonischen Aspekte gibt, sollten sie hier nicht zu betont behandelt werden. Nur soviel vielleicht, dass die Konjunktion stets als merkurischer Aspekt galt – sowohl was den Morgen- als auch den Abendstern betrifft. Stoßen zwei sehr unterschiedliche Symbolkräfte (wie Mars und Saturn vielleicht) in einer Konjunktion zusammen, dann liegt es am logischen, vernünftigen oder liebenden Denken des Merkur, hier eine Lösung herbeizuführen. Merkur löst Bindungen – gleich welcher Art – durch seine archetypischen Erfahrungen als bewährter Götterbote. Er ist mythisch gewohnt mit Gegensätzen auszukommen und weiß, wie man mit Göttern und Menschen umgeht. Er ist der Schutzmann, der den Verkehr lenkt.

Merkur als Morgenstern verhält sich relativ neutral und versucht sich den anderen Planeten anzupassen. Man kann von einer gewissen Gleichgültigkeit sprechen, aber wenn seine Kräfte als Morgenstern gebraucht werden, stehen sie auch zur Verfügung. Der Mond als Symbol der Seele berührt ihn nicht allzu sehr. Auch der Tod des Mondes ist für den, der in der Unterwelt ein- und ausgeht, nichts besonderes. Der Morgenstern führt den Mond in die Unterwelt hinein, aber auch wieder hinaus. Entscheidender ist also die Aussage des Mondes. So verhält es sich auch bei der Sonne. Mit der Sonne kann Merkur bestenfalls einen Confinisaspekt haben. Confinis ist der 30°-Aspekt, der oft Halbsextil genannt wird. Aber in der Astrologie gibt es nichts Halbes, sonst wäre das Quadrat eine Halbopposition. Confinis heißt Ende der Gemeinsamkeit, weil nach je 30° die Färbung der Tierkreisabschnitte endet, genau wie die Interessenausrichtung der Häuser.

Aber auch der Confinisaspekt ist sehr selten, so bleibt zwischen Merkur und Sonne eigentlich nur eine nahe Konjunktion, da er sich als Morgenstern ganz der Sonne anbietet, ja unterwirft. Hier nimmt Merkur die Aussage der Sonne an. Das ist oft schwierig. Denken wir, dass die Sonne etwa eine aufbrechende Frühlingsfärbung zeigt (Widder), der Merkur aber noch im angleichenden Winterzeichen (Fische) steht. Die Sonne symbolisiert zwar unseren Lebenskern, unsere Mitte, unser symbolisches Herz, aber wie der Lebenskern denkt und handelt, das zeigt der Merkur an. Doch – wie gesagt – er ist als Morgenstern recht neutral und damit anpassungsfähig, so dass er dem Lebenskern sozusagen immer zu Diensten steht.

Mit der Venus kann Merkur eine Konjunktion, ein Confinis oder ein Sextil bilden. In Ausnahmefällen ein weites Quadrat. Merkur und Venus, Kopf und Emotion – obwohl oft Gegensätze – verstehen sich ohne viele Worte. Sicher bildet Merkur als Morgenstern mit Venus als Morgenstern in der Realität eine größere Potenz, während Merkur als Morgenstern mit Venus als Abendstern ausbalancierend wirkt. Merkur als Morgenstern holt Venus als Abendstern immer wieder auf den Boden der Tatsachen zurück, was nicht immer leicht ist. Trotz dieser gewissen Schwierigkeiten gibt es zwischen den beiden inneren Planeten kaum entscheidende Differenzen, eine Disharmonie ist höchst unwahrscheinlich.

Merkur als Morgenstern ist nun eine fabelhafte Ergänzung zum Mars. Hier sind alle Aspekte möglich, und Mars als Symbol unseres Willens, unserer Energie, des Triebes und des Ehrgeizes kann von Merkur als Morgenstern eigentlich gut trainiert oder gebremst werden. Man stelle sich Mars als ruhelosen Rappen vor, der von Merkur als Morgenstern geritten wird. Dies ist ein gutes Gespann, weil so das Pferd nicht durchgeht, und auch

Hindernisse mit Verstand und Realitätssinn bewältigt. Selbst wenn Kräfte des Mars sich einer Leidenschaft wegen opfern wollen, kann der merkurische Morgenstern sie darin bestärken und in den Abgrund begleiten. Aber dann steht er wieder zur Verfügung, um dem Mars einen Ausweg zu weisen. Hier zahlt sich seine Neutralität bestens aus.

Dies ist auch der Fall, wenn Merkur als Morgenstern und Jupiter verbunden sind. Die Expansionskraft des Jupiter wird durch Realitätssinn geprüft und vielleicht auch gedämpft. Gerechtigkeitssinn wird den wahren Gegebenheiten angepasst, wenn auch Merkur als Morgenstern hier manchmal zu einer List greifen muss. Er kann die meisten Übertreibungen der Jupiterkräfte zurücknehmen und sorgt oft dafür, dass die Expansion nicht ins Unendliche führt. Merkur als Morgenstern ist hier der Mahner, um die Realität nie aus den Augen zu verlieren.

Die saturnischen Kräfte im Horoskop können durch Merkur als Morgenstern gut entfaltet werden. Seine Unruhe und Beweglichkeit vermögen die Starrheit oder die tiefe Verwurzelung, die Saturn ebenfalls symbolisiert, aufzuheben. Was in tiefer Nachdenklichkeit entstanden ist, vermag Merkur als Morgenstern umzusetzen. Auch die Schwierigkeiten, die der Prüfungsplanet Saturn uns bewusst bereitet, werden durch kluges Handeln, durch Bereitschaft des Merkur als Morgenstern mit in die Tiefe einzudringen, oft bestens ausgelöst. Merkur zeigt sich da als guter Götterbote.

Uranus stellt die höhere Stufe des Merkur dar. Und der Morgenstern nimmt das Technische auf, wittert Chancen der Lebenserleichterung, weiß aber auch um die Gefahren der Intuition, der allzu plötzlichen Umstürze und inneren Revolten.

Schwieriger zeigt sich die Verbindung des Merkur als Morgenstern mit dem Instinktplaneten Neptun. Merkur als Morgenstern versteht keine instinktiven Reaktionen, auch nicht die Gefahren der Sucht, so zeigen sich seine Kräfte eher zurückhaltend und abwartend.

Anders bei Pluto. Merkur als Morgenstern unterstützt die

Machtdurchsetzung, gepaart mit einer Risikofreudigkeit. Hier werden scharfe Reaktionen herausgefordert. Allerdings vermag sich dieser Merkur – wenn es notwendig scheint – auch für übertriebene Machtdurchsetzungen zu entschuldigen.

Merkur als Abendstern

Als Abendstern symbolisiert Merkur die Kräfte der Nachdenklichkeit, der Philosophie, der Vorsorge. Der Merkur als Abendstern schaut mehr über den Tellerrand als der Merkur als Morgenstern, obwohl natürlich eine Verwandtschaft besteht.

Auch er ist neugierig, will stets neue Erfahrungen sammeln. Die Fantasie ist groß. Pläne werden geschmiedet, die vor allem Reformen dienen, die neue Ideen verwirklichen helfen. Dieser Merkur will den Menschen Freude machen, will ihnen Optimismus geben, will ihre Gedanken auch auf das Künstlerische ausdehnen. Er will die Realität ein wenig erweitern, damit sich die Menschen mit den Grenzfragen auseinander setzen.

Dabei wird jedoch das Logische nicht außer Acht gelassen, aber dass in der Medizin die Psychosomatik zu beachten ist, bedeutet für den Abendstern-Merkur kein Problem. Auch dem Technischen steht der Abendstern nicht fremd gegenüber, doch die Technik soll das reale Leben erleichtern, damit die Zeit besser genutzt werden kann. Technik um der Technik willen interessiert Merkur als Abendstern wenig. Wenn dagegen – um ein Beispiel zu nennen – durch das Radio der Alltag freundlicher werden kann, dann ist die Technik willkommen. Viele Menschen, die den Merkur als Abendstern haben, arbeiten gerne bei Musik, und sie versuchen sich etwa durch Blumen im Büro den Alltag zu verschönen. Auch haben sie mehr Zeit für Freunde, und sie feiern meist recht gerne, selbst wenn ein schwerer Arbeitstag vor der Tür steht. Merkur als Abendstern pflegt die

Sprache, auf eine schöne Schrift wird Wert gelegt und Höflichkeit ist stets selbstverständlich.

Merkur als Abendstern liebt das Dunkle, die Nacht, die Abgeschiedenheit. Ihm kommen mitunter beim Schlafen die besten Gedanken. Er kann auch gut mit Träumen umgehen, diese deuten und sich nach ihnen richten, weil die Träume für ihn eine feste Realität darstellen. Er könnte das alte Lied singen: Die Nacht ist nicht allein zum Schlafen da, die Nacht ist da, damit etwas geschieht. Dafür ist er am Tage vielleicht weniger munter.

Natürlich lehrt dieser Abendstern auch, aber mehr dem Sinn nach, denn er legt weniger Wert auf etwas, wie z. B. die Kleinigkeiten der Rechtschreibung zu beachten. Der Inhalt ist wichtig. Was die äußere Form angeht, da ist Merkur als Abendstern eher etwas großzügig. Die Schüler werden musisch erzogen, sie sollen hinter die Kulissen schauen, den Sinn von Märchen und Legenden erfassen. Auch Sagen und Mythen spielen eine wichtige Rolle, wobei es mehr auf den größeren Zusammenhang ankommt. Jeder soll sich weiterbilden, aber dafür müssen vorher nicht bestimmte Prüfungen abgelegt werden. Die Volkshochschule ist das Revier dieses Planeten.

Wo Feste gefeiert werden, wo das bunte Leben stattfindet, ist Merkur als Abendstern mit von der Partie. Wer aus Goethes *Faust* den Osterspaziergang kennt, der hat Merkur als Abendstern begriffen. Das ist sein Reich, das Neue, das Lustige, ja das Skurile, wo alle die Welt mit wohlwollenden Augen betrachten. Natürlich schaut auch dieser Planet in die Zukunft und sorgt vor, aber alles in allem zeigt sich der Merkur als Abendstern großzügig. Selbst saure Äpfel isst er, allerdings höchst ungern.

Der Tradition nach gehört Merkur zu den Zeichen Zwillinge und Jungfrau. Da der Morgenstern den Zwillingen zugeordnet wurde, bleibt für Merkur als Abendstern der Abschnitt Jungfrau. Dieser Abschnitt wird meist ein wenig verkannt, was durch die Bezeichnung »Jungfrau« kommt. Stand oder steht die Sonne im Abschnitt Jungfrau, dann ist Erntezeit. Ernte ist stets ein beglückendes Erlebnis, wenn auch früher das Vorsorgende der Ernte mit Mühe ausgeführt wurde. Es mussten »reine« Frauen sein, die die Ernte sortierten, damit sie ein Jahr lang reichte.

Danach kam es zu den Erntedankfesten mit Musik und Tanz. Dazu gehört auch der Merkur als Abendstern. Das Gefühl zu haben, es kann uns in der nächsten Zukunft, was die Ernährung betrifft, nichts mehr passieren, dies bringt eine gewisse Erlösung, eine Leichtigkeit. Natürlich herrscht bei der Ernteeinbringung Ordnung, Sauberkeit, eine pedantische Akribie, aber eben auch Freude, wenn die direkte Zukunftsangst erst einmal besiegt worden war. Der Merkur als Abendstern wurde dem sechsten Haus zugeteilt. Es ist der Raum, wo die Mühe, die Arbeit, der Einsatz für andere erkannt wird. Aber jeder Mühe folgt die Freude über das Gelingen. Nach dem Einsatz sind Neuanfänge möglich, darf das Musische in Form von Konzerten, Theaterbesuchen oder anderen Angeboten den gebührenden Platz im Leben einnehmen. Immerhin grenzt das sechste Haus an den Du-Punkt in der Astrologie, an das Partner- und Echohaus, wo der Abendstern der Venus seine verwandte Kraft findet.

Merkur als Abendstern
in den einzelnen Häusern

Im ersten Haus: Merkur als Abendstern hat seine eigenen Pläne. Zwar beugt er sich den Realitäten, hat aber immer den Wunsch über diese hinauszuwachsen. Nur allein realitätsbezogen will er nicht leben, er will schon individueller behandelt werden, was bei dieser Konstellation oft nicht beachtet wird.

Im zweiten Haus: Merkur als Abendstern zeigt das Bemühen an, seine Kräfte (Talente und Gaben) ganz auszuschöpfen. Diese Kräfte nutzen auch die Feierabendstunden, um sich weiter zu bilden, während andere Menschen sich vergnügen oder vor dem Fernseher sitzen. Das Materielle spielt dabei nicht einmal die Hauptrolle, wenn auch ein gewisser Geldsegen höchst willkommen erscheint.

Im dritten Haus: Der Alltag soll nach Möglichkeit verschönt werden. Dass alle Tage kein Sonntag ist, wissen die Abendsternkräfte des Merkur durchaus, aber man kann ja versuchen, dem Trott der Gewohnheit etwas zu entfliehen.

Im vierten Haus: Das geistige Erbe der Familie wird zwar angenommen, doch der Wunsch darüber hinauszuwachsen ist sehr groß. Merkur als Abendstern wird immer versuchen, mit der Familie, mit dem Heim nicht zu brechen, aber dabei doch stets eigene Wege zu gehen. Die innere Sehnsucht nach der Heimat bleibt vorhanden. Eine gewisse Sentimentalität ist nicht auszuschließen. Erklingen irgendwo volkstümliche Heimatklänge, sind die Tränen nicht weit.

Im fünften Haus: Das Kreative liegt dem Merkur als Abendstern sehr. Kinder werden verwöhnt, und manchmal – wenn auch selten – nicht früh genug realitätsbewusst erzogen. Aber sie werden sehr geliebt und gehegt und ihre Hobbys unterstützt. Die Ausschmückung des Lebens spielt eine große Rolle.

Im sechsten Haus: Bereits beschrieben.

Im siebten Haus: Der Partnerschaft wird sehr viel Aufmerksamkeit entgegengebracht, doch darf diese Partnerschaft nie in der Routine ersticken. Abwechslung und neue Erlebnisse (ob mit oder ohne Partnerin/Partner) stehen im Vordergrund. Bindungen aus Gewohnheit sind verpönt. Gemeinsame Interessen, vor allem auch musischer Art – gehören zum guten Verstehen. Bücher sollten gemeinsam gelesen werden und Anregungen sind höchst willkommen, wobei kaum über das Ziel hinausgeschossen wird.

Im achten Haus: Hier zeigt der Merkur als Abendstern seine Qualitäten. Grenzfragen sind ihm nicht fremd, wenn er auch Übertreibungen – etwa der Esoterik – ablehnt. Dieser Merkur findet fast immer tröstliche Worte für Menschen, die an ihre Grenzen gestoßen sind. Auch wenn es um Leben oder Tod geht.

Im neunten Haus: Die Interessen sind einerseits sehr auf die Ideale, und andererseits auf die Ferne ausgerichtet. Aber alle diese Impulse werden nach der ersten Begeisterung auf die realitätsbezogene Umsetzung geprüft. Statt zu reisen, reichen oft gute Reisebücher. Kataloge über ferne Länder werden allzu gern studiert und auf ihre Verwirklichung getestet.

Im zehnten Haus: Der Beruf ist wichtig, aber nicht so wichtig, dass jede – (eine kleine Übertreibung) – Sklavenarbeit angenommen wird. Die Kräfte des Merkur als Abendstern wollen individuell eingesetzt werden. Besondere Leistungen sind zwar zu erwarten, aber ohne besondere Aufgaben wird sich kaum ein gutes Dienstverhältnis einstellen.

Im elften Haus: Die Gemeinsamkeit ist äußerst wichtig. Die Kräfte dieses Abendsternes sind mehr auf den kleinen aber exklusiven Kreis ausgerichtet, als auf eine Bewunderung in der Öffentlichkeit. Manche Opfer werden aus Freundschaft erbracht. Allerdings werden von den Freunden auch Anregungen aller Art erwartet. Wird eine Bindung langweilig, dann ist sie auch schon zu Ende.

Im zwölften Haus: Merkur als Abendstern findet sich hier nicht allzu gut zurecht. Das Bilanzieren einer Lebensstrecke, das Leben überhaupt ist nicht unbedingt seine Sache. Im Gegensatz zu Merkur als Morgenstern wird nicht gerne ans Ende gedacht. Andererseits gibt ja dieser Merkur nie die Hoffnung auf, so dass er eine gewisse Stille und Einsamkeit erträgt, weil er der festen Überzeugung ist, dass das volle Leben wieder kommt. Dies ist hier auch der Fall, denn das erste Haus – damit der Startpunkt – ist ja nicht allzu weit entfernt. Das zwölfte Haus, das stets als das Haus der Feinde angesprochen wurde, ist sicher eine nicht so leichte Station, aber wenn man bedenkt, dass die Feinde nicht die anderen sind, sondern dass sie in uns wohnen, dann ist das zwölfte Haus für Merkur als Abendstern eine gute Chance für die Selbsterkenntnis.

Merkur als Abendstern
und die anderen Planeten

Die Bindung zur Sonne ist nicht so stark wie bei Merkur als Morgenstern. Wenn überhaupt, leuchtet dieser Planet erst, wenn die Sonne untergegangen ist. Aber natürlich ist auch dieser Merkur dem Lebenskern tief verbunden. Je näher die Konjunktionen, um so stärker die Abhängigkeit von der Sonne.

Mit dem Mond besteht von Seiten des Merkur als Abendstern eine gewisse Vertrautheit. Dieser Merkur lehnt das Seelische nicht ab, manchmal hilft er sogar dem Mond aus der Unterwelt herauszukommen. Vom seelischen Wirken des Mondes auf den Menschen, akzeptiert der Merkur als Abendstern zwar die Träume, die er jedoch eher real als symbolisch deutet. Immerhin scheint er innerlich mehr dem Mond als der Sonne zugewandt zu sein. Merkur als Abendstern und die Venus verstehen sich gut, wie es schon beim Merkur als Morgenstern geschildert wurde.

Dieser Merkur hat zwar eher eine innere Beziehung zur Venus als Abendstern, aber auch die Morgensternvenus ist ihm nicht fremd. Es ist zu bedenken, dass der Wechsel vom Abend- zum Morgenstern, und dann wieder zum Abendstern stets sehr schnell erfolgt, – ein Grund für die Neutralität dieses Planeten. Anders sieht es beim Mars aus. Merkur als Abendstern hat wohl eher Angst vor der Explosionskraft des Mars. Er möchte gerne diplomatisch ausgleichen, was ein zu schneller Wille anrichtet. So bremst er eher den Mars, der sehr allergisch auf alles reagiert, was ihn zurückhalten will. Auch ist der Mars ein Planet, der mehr am Tage agiert, während der Abendstern gerne dem zu grellen Licht ausweicht. Dies trifft auch auf die Bindung zum Jupiter zu. Aber man könnte sich vorstellen, dass Jupiter mit Merkur als Abendstern über seine Liebesabenteuer spricht, während er den Morgenstern in punkto Gerechtigkeitsauftrag konsultiert. So kann man beim Jupiter sagen, dass er mal den Merkur als Abendstern, dann wieder den Merkur als Morgenstern vorzieht. Es kommt folglich bei der Deutung sehr auf die Probleme und die Fragestellung an. Immerhin ist Jupiter in den Mythen der Vater des Merkur, so dass er einen gewissen Respekt von ihm fordert – egal wie und wann sich dieser Planet zeigt.

Bei den saturnischen Aspekten ergeben sich sicher gewisse Schwierigkeiten. Die mögliche Härte, mit der Saturn oft auftreten muss, liegt dem Merkur als Abendstern nicht allzu sehr. Auch bei Prüfungen erweist sich der Abendstern eher nachgebend. So versucht er sich – bildlich gesehen – hinter dem Rücken des Saturn zu helfen. Da dieser Merkur jedoch zu schmeicheln vermag, kommt er letztlich mit Saturn gut aus.

Auch Uranus macht dem Merkur als Abendstern keine Schwierigkeiten. Die Nähe zur Technik lässt sich ja auch des Nachts oder am Abend gut einsetzen.

Eine fast freundschaftliche Beziehung kann man bei der Bindung zwischen Merkur als Abendstern und Neptun vermuten. Dieser Abendsternmerkur kann den Instinkt in die Realität umsetzen, wenn er auch manches erst überschläft. Auch hat er als Abendstern die Fähigkeit, Sehnsüchte, ja Süchte zu verstehen. Hier kann dieser Planet manchmal Brücken zu gefährdeten Personen schlagen, er kommt an die Süchtigen heran, solange diese noch eine gewisse Beziehung zur Realität besitzen. Dieser Merkur reagiert auf diesem Gebiet völlig gegensätzlich zu seinem Zwilling, dem Morgenstern.

Pluto berührt Merkur als Abendstern kaum. Ihm kommt es nicht auf Machtdurchsetzung an, so interessieren ihn die Menschen nicht, die darauf großen Wert legen. Merkur als Abendstern weiß um die Gefahr des Absturzes von der Macht, aber er greift hier kaum helfend ein um den Sturz zu mildern.

Venus als Morgenstern

Als Morgenstern zeigt sich der sogenannte Liebes- und kleine Glücksplanet recht nüchtern und realitätsbewusst. Venus als Morgenstern symbolisiert die weibliche Kraft (auch im Mann), die dem Leben die schönen Seiten abgewinnen will, ohne dauernd zu entschweben, zu träumen oder Illusionen nachzujagen. Diese Eigenschaft ist bei Menschen hoch begehrt, und wer sie bei sich oder anderen erkennt, der hat das kleine Glück wirklich gefunden. Das Problem ist nur, dass die Menschen mit dieser Art von kleinem Glück oft erst im reiferen Alter zufrieden sind.

Die Kräfte der Venus als Morgenstern packen, wenn notwendig, an, sie verrichten die Tagesarbeit. Vorbild ist da wirklich die einstige Bauersfrau, die das Haus, die Familie und die Tiere behütete. Das Schöne daran ist, dass diese Kräfte auch feiern können, dass sie die Musik, den Gesang und den Tanz lieben. Männer mit der Venus als Morgenstern strahlen eine gewisse Zuversicht aus, auch wenn es einmal kritisch wird. Ihre innere Weiblichkeit lässt ihnen Ausdauer, Geduld sowie Lebenslust zukommen.

Venus als Morgenstern liebt aber auch ein gesichertes Leben. Sie weiß, besser sie spürt, wie schnell das Glück vergehen kann, so will sie sich absichern, will ihr Heim haben, mit einem Zaun oder einer dicken Hecke um Haus und Garten. Naturliebe ist wichtig, aber auch eine Gartenarbeit, um notfalls für die Ernährung der Familie sorgen zu können. Dies ist zwar heute nicht mehr aktuell, aber kommen schlechtere Zeiten, dann verzweifelt diese Venus nicht, zumal ein angeborener Humor schwierige Situationen mit meistert.

Venus als Morgenstern liebt das Leben und die Liebe. Ohne Liebe lohnt sich das Leben nicht. Sie flirtet gern, zeigt sich auf natürliche Art verführerisch, bleibt in der Regel aber treu. Alles fordert seine Opfer, das gute Leben, wie auch die Liebe. Sie spürt die Kürze des Glücks. Das gibt ihr die Kraft das Leben voll auszuschöpfen.

Und dieses Wissen macht sie kämpferisch! Sie steht für die Familie, für ihre Liebe ein. Wenn es sein muss, zeigt sie, dass sie Haare auf den Zähnen hat. Man vergesse nicht, dass die Venus als Morgenstern oft als Mann gesehen wurde. Daher kommt es, dass diese Kräfte Konflikten nicht ausweichen. Schön, sie brechen so schnell keinen Streit vom Zaun, aber wer sie herausfordert, wird sich wundern, wie diese Venus als Morgenstern zurückschlagen kann. In ihr lebt das Erbe des steten Überlebenskampfes der vorherigen Generationen. Auch vergisst diese Venus nicht leicht, was man ihr angetan hat, sie kann sogar nachtragend sein, wenn sie dies auch mit natürlichem Charme und einer bewundernswerten Anmut überdecken kann.

Zivilcourage ist eine Selbstverständlichkeit, und das Gefühl weiß besser als der Verstand, was zu tun ist. Ihre Emotionen sind in Freud und Leid echt, so dass sie meist ihren geraden Weg geht – sei er auch noch so schwer. Wenn etwas Verluste kostet, – nun gut, das holen wir wieder ein, wenn nur das Motto beachtet wird, sich auch in schwierigen Gefühlssituationen treu zu bleiben. Faule Kompromisse geht die Venus als Morgenstern nicht ein, dazu ist das Leben zu schön und zu kurz.

Nach der Tradition der Astrologie muss man Venus als Morgenstern dem Abschnitt Stier zuordnen, der als mittlerer Frühlingsabschnitt einmal mit der Lebensfreude, dann aber auch mit der Lebenssicherung zu tun hat. Nicht ohne Grund schreibt man manchen Stiergeborenen das Motto von Weib, Wein und Gesang zu. Immerhin gilt die Zeit, welcher der Abschnitt Stier zugeordnet wurde, als die schönste Jahreszeit. Im Mai sieht die Welt so strahlend aus wie sonst nie.

Venus als Morgenstern findet ihre verwandte Kraft im Abschnitt Stier, da sich das Leben – nach dem stürmischen Aufbruch des Widderabschnittes – nun schön, farbig und voller Hoffnung entfaltet. Es muss jedoch noch um das werdende Leben gekämpft werden, was blüht, muss sich erst zur Frucht entwickeln.

Damit würde man der Venus als Morgenstern das zweite Haus zuschreiben, was sicher richtig ist. Dieses Haus zeigt unser Vermögen an. Weniger im Sinn des materiellen Gewinns, als darin, was jeder vermag. Also sind hier die Talente und die Gaben zu finden, mit denen wir das Leben meistern können sowie das gesunde Selbstbewusstein. Das ungesunde ist eher im ersten Haus verankert. Das zweite Haus zeigt die Richtungen der Interessen an, mit denen jeder das Leben nach seinen Vorstellungen zu gestalten vermag, während man im Gegenpol (achtes Haus) die Grenzen und möglichen Verluste ersehen kann.

Venus als Morgenstern weist selbstverständlich auch darauf hin, dass für die Entfaltung der eigenen Gaben oft Opfer verlangt werden, dass um das Lebensglück gekämpft werden muss, dass nichts im Leben irgendjemandem geschenkt wird. Das Glück will immer auch bezahlt werden.

Venus als Morgenstern
in den einzelnen Häusern

Im ersten Haus: Das Leben will genossen werden, dies steht zunächst beim egozentrischen Lebensgefühl an erster Stelle. Geht es mir gut, dann mag es den anderen auch gut gehen, aber ich will in einem Salon mit guter Aussicht residieren. So könnte man das Gefühl beschreiben, das Venus als Morgenstern am Anfang des Lebens vermittelt.

Im zweiten Haus: Schon beschrieben.

Im dritten Haus: Venus als Morgenstern harmonisiert den Alltag. Diese Kraft zeigt an, wie man auch kleine Angelegenheiten, Alltägliches verschönern kann. Natürlich, so nebenbei sind die Lebensaufgaben nicht zu erledigen, aber wo Einsatz gefordert wird, wird dieser schnell erbracht, um den Feierabend zu genießen.

Im vierten Haus: Venus als Morgenstern zeigt eine aktive Heim- und Familienliebe und Treue an. Sie weiß um den Halt, den die Familie sowie die Heimat uns geben können. Wer eine glückliche Kindheit hatte, dem erschließt sich auch das Leben eher von der schönen Seite. Venus als Morgenstern visiert dies sicher an. Das Glück wird nicht in der Außenwelt, sondern eher daheim gesucht. Das eigene Heim ist äußerst wichtig, und es wird so zum Mittel- und Ruhepunkt des Lebens.

Im fünften Haus: Venus als Morgenstern zeigt eine große Kinderliebe an, die aber den Nachwuchs nicht verhätschelt. Kinder waren einst das Kreativste, was man sich denken konnte, heute sieht dies anders aus. Venus als Morgenstern wird immer realitätsbezogen kreativ sein. Das Musikalische vermag eine bedeutende Rolle zu spielen, auch das Theater, vor allem aber das künstlerisch Handwerkliche. Die Gabe, sich eigene Kleider entwerfen und schneidern zu können, kann hier sichtbar werden. Ein steter Verschönerungswille ist zu spüren, daneben die Liebe für die Freuden des Lebens, insbesondere die Liebe zur Erotik mit allen Konsequenzen.

Im sechsten Haus: Venus als Morgenstern zeigt hier ihre fürsorgliche Einstellung. Der Drang anderen zu helfen ist stark. Viele Krankenschwestern haben ihre Venus in diesem Raum. Auch zeigt diese Stellung an, dass die Gesundheit und die Heilungsmöglichkeiten obenan stehen. Es sollte ein Beruf in dieser Richtung gesucht werden. Die Kräfte der Venus als Morgenstern sind durchaus zum Einsatz bereit. Es wird um etwaige Überstunden kein Theater gemacht.

Im siebten Haus: Die Partnerschaft muss sein. Wer es mit jemandem zu tun hat, dessen Venus als Morgenstern in diesem Raum steht, der hat ein gewisses Glück gepachtet. Aber Vorsicht: Diese Venus passt sich nicht so leicht an. Sie legt Wert auf Selbständigkeit, auf eigenes Handeln, und sie verlangt von ihren Partnerinnen/Partnern dieselben Opfer, die sie zu bringen bereit ist. Das praktische Glück steht im Vordergrund, ohne Wachträume und Illusionen. Es muss greifbar sein.

Im achten Haus: Hier kann Venus als Morgenstern eine fast wohltätige Hilfe anbieten. Mit Liebe und Realitätssinn, mit dem Wissen um das notwendige Ableben vermögen diese Kräfte an die Lösung aller auftauchenden Grenzfragen heranzugehen, um die schwierigen Probleme des Lebens zu bewältigen.

Im neunten Haus: Hier steht die Venus als Morgenstern vielleicht ein bisschen fremd, denn so erstrebenswert Ideale sind, und so nützlich es auch sein mag, sich fernen Erkenntnissen zu nähern, fehlt doch der richtige Elan, um über den realen Schatten, der diese Venus immer begleitet, zu springen.

Im zehnten Haus: Venus als Morgenstern garantiert hier Erfolg. Sie setzt sich im Beruf ein und opfert oft ihre Freizeit, um es zu etwas zu bringen. Den Spruch: Ohne Fleiß kein Preis, den beherzigt Venus als Morgenstern hervorragend.

Im elften Haus: Hier erscheint Venus höchst willkommen. Im Team, bei Freunden, im Kollegenkreis benötigt man diese Kräfte, die dem Leben immer schöne Seiten abgewinnen, die aber auch um die Notwendigkeit des opfernden Einsatzes wissen.

Im zwölften Haus: Hier ist der Aufenthalt der Venus als Morgenstern etwas zwiespältig. Zwar wissen diese Kräfte um die Bilanz am Ende einer Entwicklung, aber sie finden hier im doch einsamen und recht begrenzten Umfeld kaum ihrer Natur nach größere Entfaltungsmöglichkeiten. Alleinsein führt in diesem Fall zur Einsamkeit, weil die inneren Feinde nicht durch reale Aktivität unterdrückt werden können. Venus als Morgenstern will leben, will kämpfen, will sich aber nicht ergeben.

Venus als Morgenstern
und die anderen Planeten

Mit der Sonne bildet Venus als Morgenstern ein sich gegenseitig sehr förderndes Gespann, und mit dem Mond ist die Venus als dessen Todbegleiterin eng verbunden. Mit Merkur sind die Verbindungen klar. Mars könnte keine bessere Partnerin finden, denn von allen Planeten versteht Venus als Morgenstern diesen Haudegen wohl am besten. Ein siegesreiches Paar. Jupiter fühlt sich in der Begleitung von Venus als Morgenstern auch nicht unwohl, er schätzt ihre Opferbereitschaft, solange er nicht selbst das Opfer ist. Schwieriger wird es mit Saturn. Die Lebenslust und Lebensfreude der Venus als Morgenstern kann der Konzentrationsplanet nur schwer nachvollziehen, aber ihre Treue und innere Opferbereitschaft schätzt er doch sehr. Mit den transaturnischen Planeten hat es Venus als Morgenstern etwas schwerer. Der Intuition des Uranus steht sie eher skeptisch gegenüber, da Venus als Morgenstern Angst vor der eventuellen Uferlosigkeit hat. Allem, was zu ungewohnt, was zu reformerisch aussieht, begegnet sie mit einem gewissen Misstrauen. Auch mit Neptun tut sich diese Venus eher schwerer als leicht. Der Sensibilität des Instinktes wird zwar Respekt, aber auch Abstand entgegengebracht. Das Süchtige liegt der Venus als Morgenstern nicht allzu sehr. Sie braucht Ordnung und Sicherheit, die alles zu Instinkthafte in Frage stellen könnte. Die Kräfte des Pluto sind dieser Venus, die Lebensfreude spendet und die nie einen Machtanspruch stellt, fremd. Machtansprüche bedeuten Unbescheidenheit, Venus als Morgenstern jedoch liebt die Bescheidenheit.

Venus als Abendstern

Als Abendstern hat die Venus ein zum Teil gegensätzlicheres Gesicht als der Morgenstern. Venus als Abendstern ist nicht nur das Symbol für die Muse, sondern auch die Muse selbst. Sie ist ferner Sinnbild für die himmlische Liebe. Das mag etwas hoch gegriffen erscheinen, aber mit der Venus als Abendstern verbinden sich in den Menschen auch die Madonnen, die Mutter des Himmels, die Himmelskönigin. Diese Venus ist selbstverständlich auch für die Einzelnen zuständig. Sie stellt oft das Wunschbild einer Frau dar, das kaum erfüllbar erscheint. Für die Künstler aller Art ist sie – zumindest in der Einbildung – der Talisman, man bittet um ihre Hilfe.

Der Abendstern hat sich in den verschiedenen schwarzen Madonnen verfestigt, zu denen immer noch Abertausende hinpilgern, um sich ihrer Gnade zu versichern. Kein Abbild einer Gottheit wurde je so angebetet wie diese Venus als Abendstern. Sie ist diejenige, – und das gilt nun auch astrologisch –, die die Auferstehung garantiert. Alles Neue braucht ihren Segen. Wer über sich hinauswachsen will, egal in welchem Beruf, der betet (wenn auch heimlich) zum Abendstern. Bildlich ist sie – außer im Madonnenbild – nicht fassbar, es ist die Muse, welche durch den Raum schwebt. Venus als Abendstern zeigt sich wenig realitätsverbunden, man möchte sagen: Kleinigkeiten interessieren sie nicht. Sie sieht das Große und strebt es auch an. Besonders Dichter und andere Künstler benötigen ihre Zuneigung, ebenso alle Heilenden und diejenigen, die sich um die Kranken und

Beschädigten kümmern. Venus als Abendstern ist die Göttin der Nacht, die uns nach der Dunkelheit Erlösung bringen kann.

Diese Venus ist nicht nur das Urbild der unberührten Empfängnis, sondern das Symbol der Hoffnung schlechthin. Sie beschützt die Menschen in der Not und in den härteren Jahreszeiten Herbst und Winter. Sie zeigt sich jedoch unbestechlich, Verrat bestraft sie ebenso wie Lügen und Falschheit. Sie will Vorbild für die gebende Liebe sein. Venus als Abendstern wartet nicht, bis die anderen sich äußern, sondern sie verlangt Offenheit und Klarheit. Außerdem ist diese Venus ein Symbol der Magie. Schon als Isis im alten Ägypten hatte sie ein Herz für die weißen Magier, wenn diese durch ihr Können den Menschen wirklich helfen wollten. Das ist auch heute noch so. Im Tarot heißt die siebzehnte Karte der großen Arcana »der Stern«, womit die Venus als Abendstern gemeint ist. Gegen die Schwarzmagier zieht sie zu Felde, indem sie ihnen ihren Segen entzieht. Das reicht! Ohne den Segen der Himmelskönigin entwickelt sich nichts, was Bestand haben soll. An das Symbol der Hoffnung muss man glauben. Ansonsten: Wenn die Hoffnung geht, geht sie ein Grab zu schaufeln. Aber Venus als Abendstern bietet uns ja durch das Symbol der Auferstehung Chancen, aus unseren Fehlern zu lernen. Wer sich bessernd verändert, dem ist sie zugeneigt, dem reicht sie hilfreich ihre Hände. Diese Venus ist nicht so handfest wie Venus als Morgenstern, sie ist weniger greifbar, aber sie ist dafür auch ein Symbol der tiefen Gerechtigkeit, die immer mit verbundenen Augen die Waage in der Hand hält, um möglichst gerecht zu urteilen, mit Liebe zu richten. Venus fordert immer das Herz heraus.

Nach der Tradition wird der Abschnitt Waage der Venus zugeordnet. Hier fände Venus als Abendstern ihre verwandte Kraft. Venus, dem Symbol der Auferstehung (mit dem Mond), wäre folglich der zweitschönste Abschnitt des Jahresweges der Sonne zugeteilt. Aber wichtiger ist etwas ganz anderes. In dieser Jahreszeit verlieren die Bäume ihre Blätter, sie fallen »tot« zu Boden, bilden dort aber dann die wachstumsfördernden Stoffe, damit im Frühling die Bäume wieder neues Laub bekommen und blühen.

Auch in der Natur gibt die Venus als Abendstern einen Impuls für das immer wiederkehrende neue Leben und bringt Hoffnung und Segen in diese Welt. Wenn die fruchtbare Jahreszeit mit Beginn des Herbstes zu Ende geht, dann sorgt die Venus als Abendstern für den Ausgleich, sie bürgt für die große Balance auf dieser Erde.

Wichtiger scheint jedoch die Zuordnung zum siebten Haus zu sein. Dieses Feld zeigt im individuellen Horoskop das Du, also die Ergänzung des Ich's an. Erst mit dem Du kann ein Ich sich richtig entwickeln und aufblühen. Was wäre ein Mensch ohne Ergänzung, ohne Echo, und dies betrifft ja nicht nur die Partnerschaft. Schon in der Bibel wird am Anfang betont, dass der Mensch (Adam) nicht gut allein leben kann, so schuf Gott aus seiner Rippe (Mondsichel) Eva.

Der Herr sprach: *»Es ist nicht gut, dass der Mensch allein bleibt, ich will ihm eine Hilfe machen, die ihm entspricht.«*

Auch das Symbol der Eva versinnbildlicht Venus als Abendstern, die deutlich mahnt, den eigenen Weg nicht allein zu gehen. Deswegen schrieb man ihr das siebte Haus, das Haus der Ergänzung zu, wo sie Freude und Zuversicht für die Partnerschaft anzeigt.

Venus als Abenstern
in den einzelnen Häusern

Im ersten Haus: Hier mildert die Venus als Abendstern die egozentrische Ausrichtung. Noch einmal sei betont, dass eine gewisse Egozentrik fast notwendig erscheint. Das kippt erst um, wenn diese sich in krassen Egoismus wandelt. Venus als Abendstern wird aber stets Zeichen geben, dass das Du (Gegenpol siebtes Haus) berücksichtigt werden muss.

Im zweiten Haus: Venus als Abendstern zeigt im musischen Bereich besondere Begabung an. Wenn auch Kunst von Können kommt, eine Begabung muss vorhanden sein. Das wäre hier der Fall, wenn viele gar nicht wissen, welche Talente in ihnen schlummern. Geldsorgen können auftreten, aber die werden immer wieder gemeistert, manchmal sind sogar unverhoffte Gewinne zu verzeichnen.

Im dritten Haus: Wie bei der Venus als Morgenstern – nur noch ausgeprägter – der verschönerte Alltag. Venus als Abendstern gibt die Meisterschaft, aus jeder Situation ein kleines Fest zu gestalten. Stete Lebensfreude, dauernde Höflichkeit sind weitere Gaben. Es gibt bei den Handwerkern Meister, die immer zu spät kommen, aber wenn sie dann da sind, haben sie ein so entwaffnendes heiteres Auftreten, dass aller Zorn verfliegt.

Im vierten Haus: Freude am Heim. Die Familie bildet das Glück, wenn auch oft darum gekämpft werden muss. Das Zuhause als Heilstätte. Patienten sollten auf recht frühe Entlassung aus dem Krankenhaus drängen (natürlich muss der Arzt einverstanden sein), weil sie sich zu Hause schneller und besser regenerieren.

Im fünften Haus: Höchste kreative Einstellung. Die große Gefahr ist, dass die Kinder verwöhnt werden, dass alles, was sie tun und lassen, gelobt wird. Sie werden wie Juwelen behandelt und es fällt schwer zu begreifen, dass das schönste Juwel geschliffen werden muss. Lebensfreude und Freude an der Kunst wie an der Liebe runden diese Konstellation ab.

Im sechsten Haus: Das Dienen wird zur Lebensaufgabe. Oft ist eine starke innere Heilkraft vorhanden, was aber nicht für die sogenannten Geistheiler zutreffen muss. Aber die Freude zu helfen, hilft schon zu heilen. Pflichten werden als Aufgabe freudig erfüllt. Gefahr der Überanstrengung.

Im siebten Haus: Schon beschrieben.

Im achten Haus: Hier entfaltet Venus als Abendstern ungeahnte Kräfte des Beistandes in allen Grenzsituationen. Sinn für Psychologie, für Psychosomatik. Die Kraft, innere Zusammenhänge zu verstehen und diese auch umzusetzen.

Im neunten Haus: Venus als Abendstern zeigt großen Idealismus und Bildungswillen. Die Ferne lockt äußerlich wie innerlich. Liebe zu Dichtungen und zur gehobenen Musik.

Im zehnten Haus: Erfolg im Beruf. Allerdings muss der Richtige gewählt werden. Rein reale Berufe wären fehl am Platz. Es sollten schon kreative Aufgaben locken. Dann ist tolle Anerkennung möglich.

Im elften Haus: Freundschaftsliebe und Treue. Venus als Abendstern vermittelt das Wissen um die Wichtigkeit enger Verbindungen. Das sind die Menschen, die sich nach 20 Jahren treffen und die sich verstehen, als sei es gestern gewesen.

Im zwölften Haus: Das große Glück. Egal wie eine Bilanz ausfällt, Venus als Abendstern vermittelt das tiefe Wissen, dass das Neue bereits an die Tür anklopft. Sie beseitigt die Angst vor den letzten Konsequenzen. Allerdings wird Ehrlichkeit und die Bereitschaft sich notfalls kräftig zu ändern verlangt.

Venus als Abendstern
und die anderen Planeten

Zur Sonne scheint Venus als Abendstern eher ein neutrales Verhältnis zu haben. Sie wartet mit ihrem Erscheinen, bis die Sonne untergegangen ist. Zwar folgt sie ihr dann in die tiefe Dunkelheit, aber Venus als Abendstern erglänzt nur von der Sonne entfernt. Zum Mond ist dagegen die Beziehung sehr stark. Venus hilft dem Mond aus der Unterwelt herauszukommen. Sie regt das Seelische an, sie steht für die Gemeinschaft von Gefühl und Seele. Zum sich neutral verhaltenden Merkur geht die Venus als Abendstern gerne auf Distanz, doch in der Konjunktion mit dem Abendstern-merkur erreicht sie eine höchst bemerkenswerte Potenz. Auch zum energischen Mars wird gerne ein Abstand gepflegt. Zwar vermag ihr der Mars nichts anzuhaben, aber Venus als Abendstern kann mit dem oft zu willenhaften Einsatz nichts anfangen. Beim Jupiter ist dies anders, den scheint sie zu lieben. Venus als Abendstern verschenkt und sieht gerne Liebe, so ist ihr der liebeshungrige Jupiter sympathisch, wie ja schon Zeus seine Aphrodite mochte. Zu Saturn hat Venus als Abendstern auch eine nahe Beziehung. Sie weiß, dass sich ohne Konzentration auf das Wesentliche keine Liebe entfalten kann, dass sich Liebe erst in der Treue erfüllt. Deswegen steht sie Uranus skeptisch gegenüber. Dieser flotte Bursche, der ständig das Neue sucht, muss ihr verdächtig vorkommen, seiner Intuition ist nicht zu trauen. Nah dagegen ist das Verhältnis zum Instinkt des Neptun. Instinktive Liebe, Liebe auf den ersten Blick ist für Venus als Abendstern höchst beglückend. Zu Pluto geht sie auf große Distanz. Wer liebt, will keine Macht, wer Macht hat, kann sich meist schwer der Liebe hingeben.

Horoskopbeispiele

Einige Beispiele sollen das Gesagte unterstreichen. Der Variationen sind so viele, dass nur wenige Horoskope herausgegriffen werden können. Mit das schönste Beispiel für Venus als Abendstern liefert das Geburtsbild von Goethe.

Saturn am Aszendent, Opposition Sonne/Mond und Jupiter/Venus als Abendstern. Venus dazu im Abschnitt Jungfrau. Ferner mehrere Quadrate. Außerdem Sonne und Merkur in verschiedenen Zeichen. Viele mögen sich fragen: Das soll der Dichterfürst Deutschlands sein? Ja, es stimmt. Goethe verstand viel von Astrologie, und man kann sagen, er nutzte die Chance, die ihm Venus als Abendstern bot. Nun hat diese Venus viele Aspekte, so dass sich die Abendstern-Ausstrahlung auf Merkur, Pluto, auf Mars, Neptun und Jupiter übertrug. Und Goethe verbrannte fast vor Liebessehnsucht.

Als Vierundachtzigjähriger (!) bat Goethe um die Hand der neunzehnjährigen Ulrike von Levetzow, mit der er oft getanzt hatte. Ulrike lehnte ab. Goethe war schwer getroffen, aber er sublimierte sein »großes Entsagungslied«, wie er es formulierte, und schrieb die wunderbare Dichtung der *Marienbader Elegie.* So kann Venus als Abendstern wirken, wenn man ihre Zeichen nutzt. Natürlich haben viele Zeitgenossen Goethes die Venus als Abendstern, aber jene Zeitgenossen haben die Möglichkeiten dieses Planeten eben nicht so umsetzen können. Das gilt für alle folgenden Beispielhoroskope.

Interessant ist in dieser Beziehung das Horoskop von Marlene Dietrich.

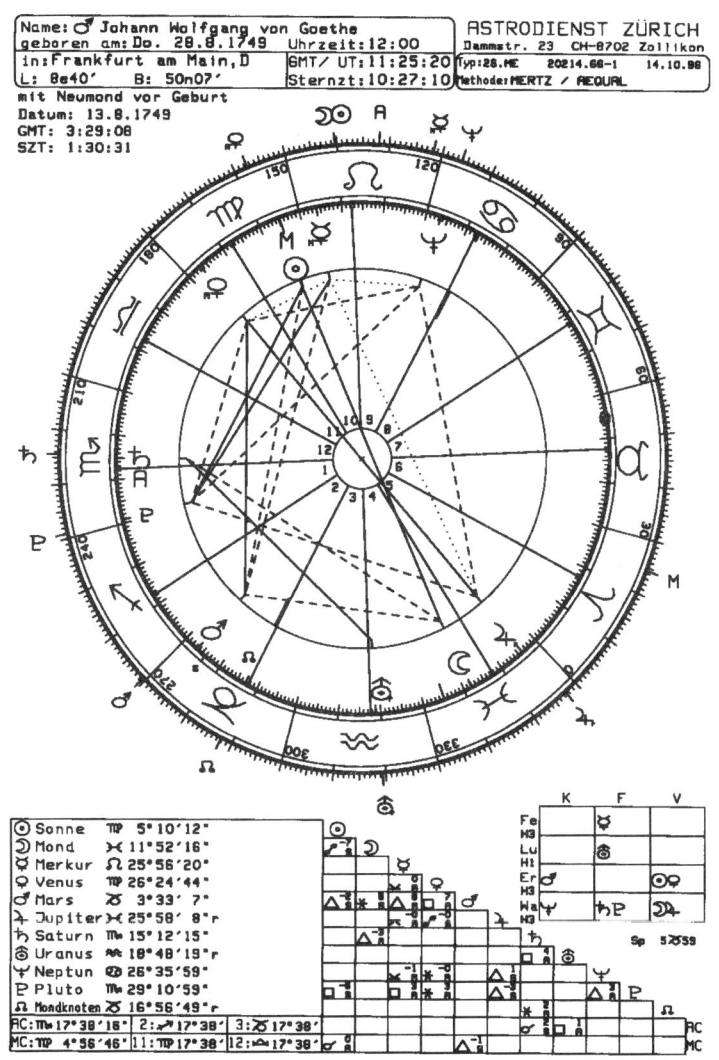

Abbildung 25: Johann Wolfgang von Goethe,
Radix mit Neumond vor der Geburt (außen).

Sie war bestimmt keine große Schauspielerin, jedoch ihre Ausstrahlung als Künstlerin war ungeheuer. Sie wurde von allen Schichten des Volkes geliebt und war im Krieg das Idol der amerikanischen Soldaten. Auf der ganzen Welt hatte sie bis ins hohe Alter sensationelle Erfolge.

Wer dieses Horoskop betrachtet, in dem die meisten Planeten unter dem Horizont, wenn auch vier davon im fünften Haus, stehen, der wird die starke Ausstrahlungskraft des »Blauen Engels« auf den ersten Blick vielleicht nicht ganz verstehen. Aber wieder ist es die Venus als Abendstern und zwar im Abschnitt Wassermann und im sechsten Haus. Von »der« Dietrich weiß man, dass ihre Faszination immer dann am stärksten war, wenn sie diente. Einem Regisseur, einem Produktionsleiter, einer Aufgabe wie der Truppenbetreuung, bis sie sich zum Schluss dazu entschloss, sich selbst zu dienen, um als unsterbliche Legende in die Showgeschichte einzugehen. Wie bei Goethe war ihr Merkur als Morgenstern die zweite Hilfe, nämlich die Realitäten nie außer Acht zu lassen. Der vernünftige Lebenskern (Merkur Konjunktion Sonne im Abschnitt Steinbock) sorgte dafür. Dazu kommt, dass die Venus als Abendstern die Opposition von Uranus zu Pluto entspannt. Das sind Chancen, die sich jedoch nur verwirklichen lassen, wenn sie intensiv genutzt werden. Marlene Dietrich hat dies wie Goethe hinreißend umgesetzt.

Die Venus als Abendstern ist nicht nur bei Künstlern bedeutsam, sondern auch bei Feldherren.

Dwight D. Eisenhower (Abb. 27) war ein erfolgreicher Feldherr. Aber als er Präsident von Amerika werden wollte (und es schließlich auch wurde), ging mancher Aufschrei um die Welt. Ein General als Präsident, das bedeutet Krieg!

Unter Eisenhower gab es aber keinen Krieg, obwohl die Achse Haus acht zu Haus zwei mit Neptun/Pluto-Konjunktion in Opposition zur Venus stark besetzt war. Aber Venus im achten Haus war Abendstern. Sie stand an der Spitze des Drachenkopfes, und obwohl sie ein Quadrat zu Saturn hatte, signalisierte

92

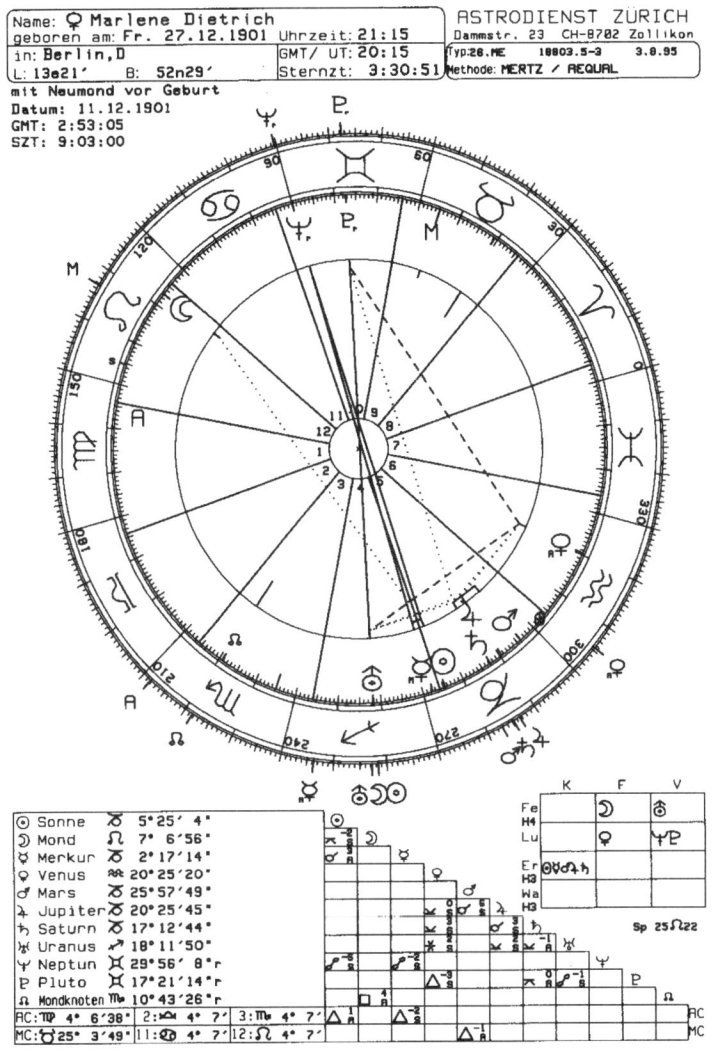

Abbildung 26: Marlene Dietrich,
Radix mit Neumond vor der Geburt (außen).

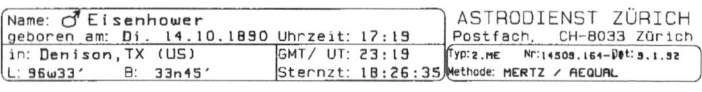

Name: ♂ Eisenhower		ASTRODIENST ZÜRICH
geboren am: Di. 14.10.1890	Uhrzeit: 17:19	Postfach, CH-8033 Zürich
in: Denison,TX (US)	GMT/ UT: 23:19	Typ:2.ME Nr:14509.164-Det:9.1.92
L: 96w33' B: 33n45'	Sternzt: 18:26:35	Methode: MERTZ / AEQUAL

☉ Sonne	♎ 21°33'43"
☽ Mond	♏ 3°27'37"
☿ Merkur	♎ 3°29'13"
♀ Venus	♐ 6° 5'48"
♂ Mars	♑ 14° 4'21"
♃ Jupiter	♒ 2°46'17"
♄ Saturn	♍ 12°43'36"
⊕ Uranus	♎ 26°43'33"
♆ Neptun	♊ 6°29' 7"r
♇ Pluto	♊ 7°39' 2"r
☊ Mondknoten	♊ 17°20'36"r

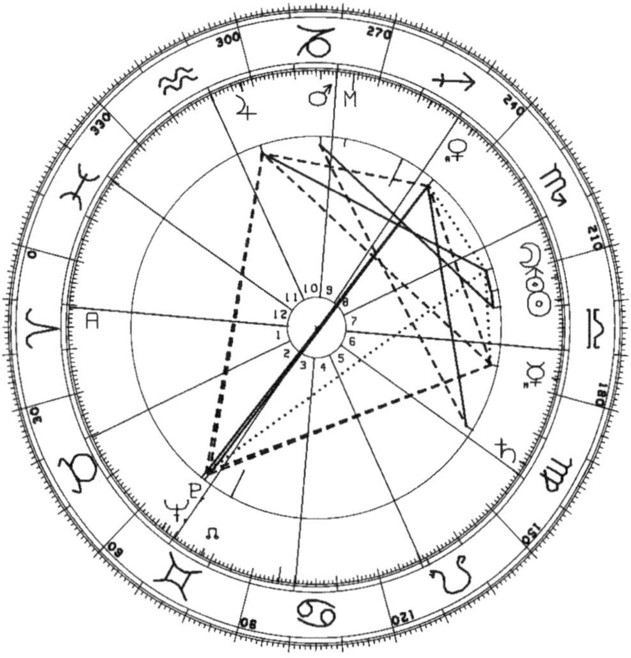

AC: ♈ 10°10'17"   2:   3:
MC: ♑ 6° 6'11"   11:   12:

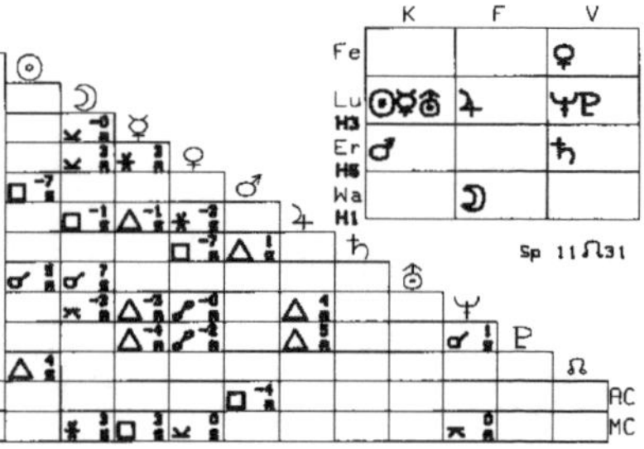

Abbildung 27: Dwight D. Eisenhower

94

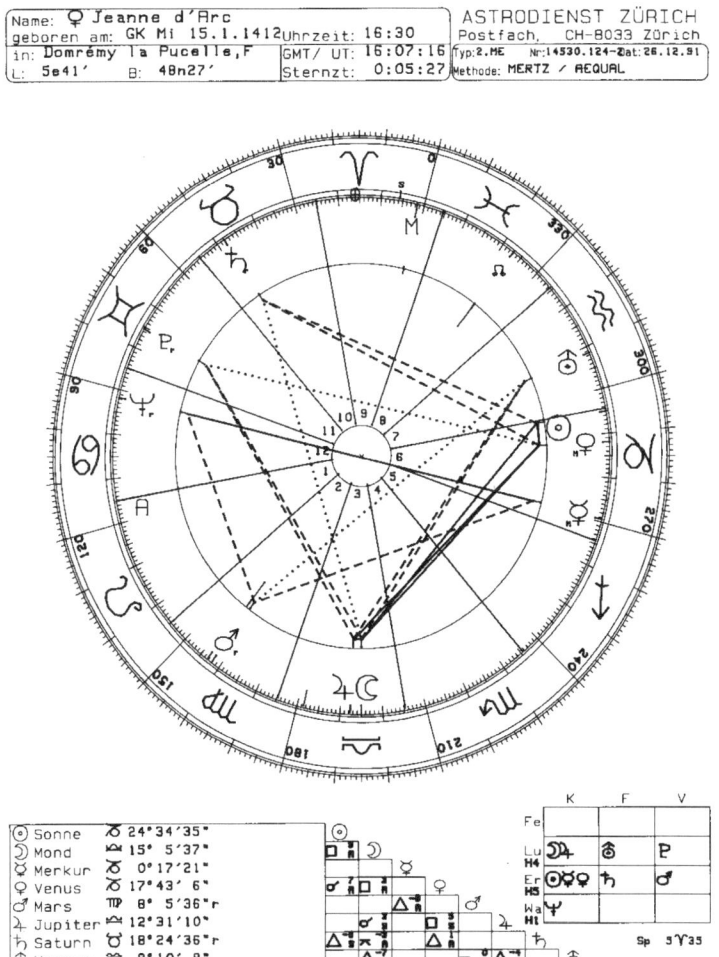

Abbildung 28: Jeanne d'Arc

sie: Das Kriegerische kann – trotz aller Konflikte auf der Welt – unterbleiben. Gerechtigkeit (Venus im Abschnitt Schütze) ist auch friedlich zu erreichen. Die Welt hatte eine gute Zeit, obwohl die Jahre ab 1952 (da wurde Eisenhower Präsident) voller Spannung waren.

Ein anderes »kriegerisches« Beispiel.

Jeanne d'Arc (Abb. 28), das legendäre Bauernmädchen, war sehr kämpferisch veranlagt, was durch Venus als Morgenstern und Merkur als Morgenstern unterstrichen wurde. Und wie die Venus in den Flammen der Sonne stirbt, so fand auch ihr Leben im Feuer ein Ende und besiegelte ihre Opferbereitschaft mit dem Tod. Sie wollte nur die Freiheit und wurde als Hexe verbrannt. Dies wird durch die Stellung von Sonne, Venus als Morgenstern und Merkur als Morgenstern im sechsten Haus hervorgehoben, da die Sonne gerade untergegangen war und die Venus schon verbrannt hatte.

Heidemarie (Abb. 29) kam zögernd in die Beratung. Sie war eine besessene Schauspielerin, aber mit der Karriere wollte es nicht so recht klappen. Jedenfalls lief sie von Astrologe zu Astrologe, doch alle machten ihr wenig Mut und wiesen immer auf Saturn direkt an der Himmelsmitte und in Opposition zu Mars hin. Völlig entgegengesetzt zu dieser sogenannten (Hiobs-) Konstellation stand jedoch Venus als Abendstern im ersten Haus.

Es schien nur eine Frage der Zeit zu sein, dass sich diese Schauspielerin durchsetzen würde, wenn auch die ganz große ruhmreiche Karriere vielleicht nicht erreicht werden könnte. Jedoch schien eine andere Gefahr deutlicher. Venus als Abendstern im ersten Haus ist stets ein wenig egozentrisch. In Opposition zu Haus sieben heißt dies, dass darunter die Partnerschaft leiden könnte. Und in der Tat, mit Partnern ging es auf die Dauer nicht sehr glänzend. Zwei Ehen scheiterten, denn die Sehnsucht, sich auf der Bühne künstlerisch zu betätigen, überwog, zumal Uranus am Aszendenten noch eine stete Unruhe anzeigte. Das äußerte sich in vielen Tourneen, wodurch diese

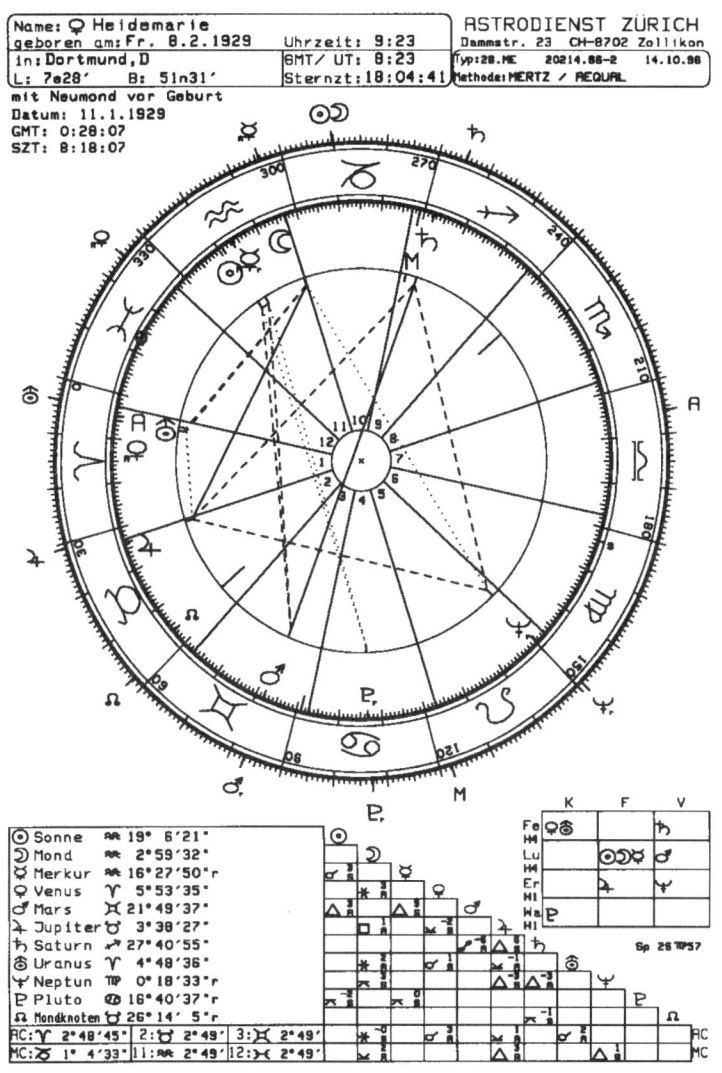

Abbildung 29: Heidemarie,
Radix mit Neumond vor der Geburt (außen).

Schauspielerin kaum zu Hause war. Ihr Leben im Ensemble war ihr wichtiger. (Sonne, Merkur als Morgenstern und Mond im elften Haus.)

Bemerkenswert ist jedoch bei diesem Bild, dass sich der Merkur als Abendstern zwischen dem Neumondhoroskop (am äußeren Rand eingezeichnet) bei der Geburt zum Morgenstern gewandelt hat. Das sind immer einschneidende Prägungen, zumal nach alten astrologischen Erfahrungen der Monat vor der Geburt (siehe Ptolemaeus) entscheidend sein soll. So lebt in der Horoskopeignerin sehr prägnant der Merkur als Abendstern, der die Sehnsucht zur künstlerischen Tätigkeit unterstreicht. Der Merkur der Geburt zeigt jedoch eine Realitätseinstellung an, die bewirkte, dass diese Schauspielerin jede sich bietende Aufgabe annahm und nicht zu Hause wartete, bis die großen Manager des Theaters anriefen. So wurde Heidemarie bald ein bekanntes Ensemblemitglied, das noch heute auf Tournee geht. Die Rollen sind recht umfangreich geworden, die Leistungen sind anerkannt gut, die ganz große Karriere blieb leider aus.

Ihr geht es auch materiell gut, sie hat ein Haus und ein Kind, doch die Partnerschaften bleiben schwierig, so dass sie in dieser Beziehung Verzicht leisten muss. Dies fällt ihr nicht leicht, aber immer wieder sagt sie, dass sie alles genauso wieder machen würde, das Theater ginge ihr stets vor. Venus als Abendstern hat Verbindungen zu Uranus und zu Jupiter sowie vor allem zum Mond. Ganz vermag diese Venus trotzdem den Saturn nicht zu besiegen, aber Heidemarie hatte schnell gelernt, dass der Saturn auch gute Stabilität und Konzentration geben kann, so dass sie sich nach manchen Schicksalsschlägen immer wieder aufraffen konnte und ihr Leben gut in den Griff bekam. Aber alles hat seinen Preis, den Venus als Abendstern besonders im ersten Haus auch einfordert.

Es geschah in der Steiermark, im schönen Städtchen Hartberg. Die Vermieterin der Ferienwohnung hatte sich ein Horoskop erstellen lassen. Das Problem war, dass sich Elfriede (Abb. 30) seit ihrer Jugend kreativ künstlerisch betätigen wollte.

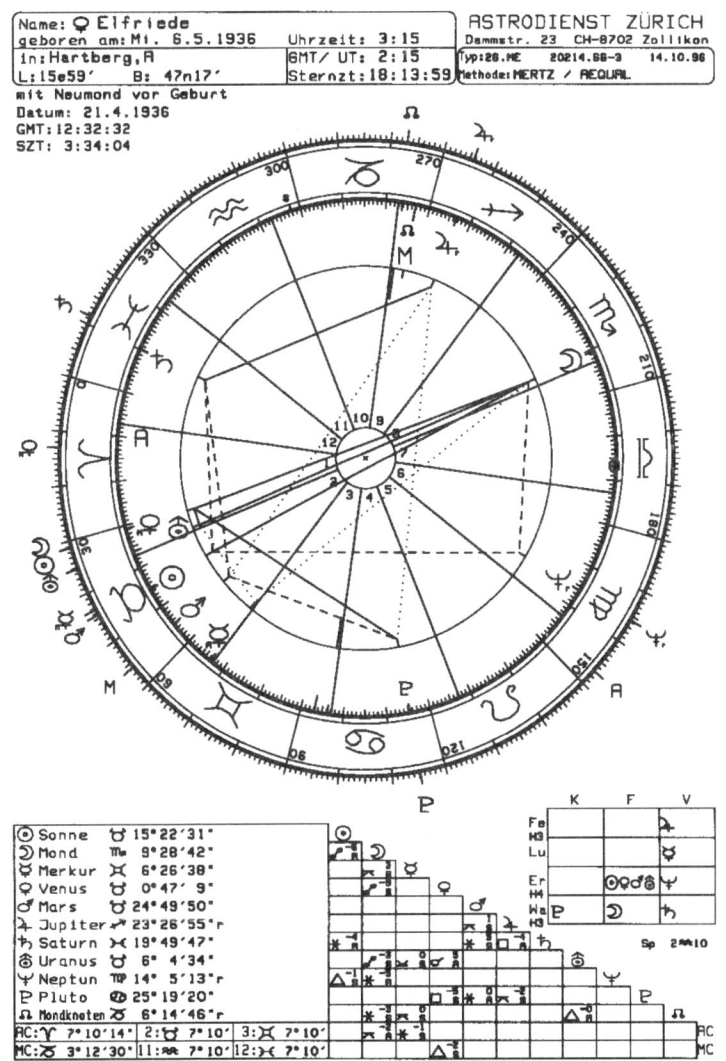

Abbildung 30: Elfriede,
Radix mit Neumond vor der Geburt (außen).

Sie verfasste Lyrik, Kurzgeschichten, sogar einen Roman, aber diese Werke waren alle nicht so gut, dass sie veröffentlicht werden konnten. Lag es an ihrer Venus als Morgenstern im 1. Haus? Eigentlich spricht auch eine Venus als Morgenstern nicht gegen künstlerische Erfolge. Man denke nur an das Horoskop von Johann Sebastian Bach. Er hatte auch Venus als Morgenstern in Konjunktion mit Merkur als Morgenstern. Diese aber mit Mond und Neptun im Abschnitt Fische und im achten Haus. Er wurde wohl der bedeutendste Komponist der Protestantischen Kirchenmusik (Sonne im neunten Haus). Seine tiefe Religiosität trug ihn zu den Meisterleistungen, die einem Genie entsprechen. Elfriede war jedoch kein Genie.

Als das Horoskop erstellt wurde, äußerte sich der Astrologe dahin, dass er meinte, ab 1994 sollte sie noch einmal einen Anlauf für ihre nun reiferen, künstlerischen Ambitionen nehmen. Sie hätte dann bestimmt bessere Chancen.

Zweifelnd schaute ihn Elfriede an, aber dann setzte sie sich doch an den Schreibtisch und fing an zu arbeiten. Was hatte der Astrologe entdeckt? Die Tatsache, dass sich Venus vom Morgenstern in den Abendstern verwandelt hatte. Das geschieht in einem Leben nicht sehr oft und wird nach dem Motto »Ein Tag gleich ein Jahr« vorgenommen. Also im Progressionshoroskop.

Natürlich wurde nun aus Elfriede nicht die große Heimatdichterin, aber sie war im engen Kreis anerkannt, und die Venus als Abendstern veränderte sie sehr. Sie wurde weicher, war weniger verbissen und kurz über lang forderte man sie auf, die Führung in einer Frauenvereinigung zu übernehmen. Und diese Position wurde von ihr mit aller Liebe vorgenommen.

Es scheint daher wichtig zu sein, im Horoskop nachzusehen, ob die Chance besteht, dass sich die Venus wandelt. Dies kann natürlich auch vom Abendstern zum Morgenstern erfolgen. Wer nur lange genug lebt, wird diesen Wandel immer beim Merkur erleben, weil sich Merkur ja wie gesagt dreimal im Jahr vom Morgenstern zum Abendstern (oder umgekehrt) ändert. Auch

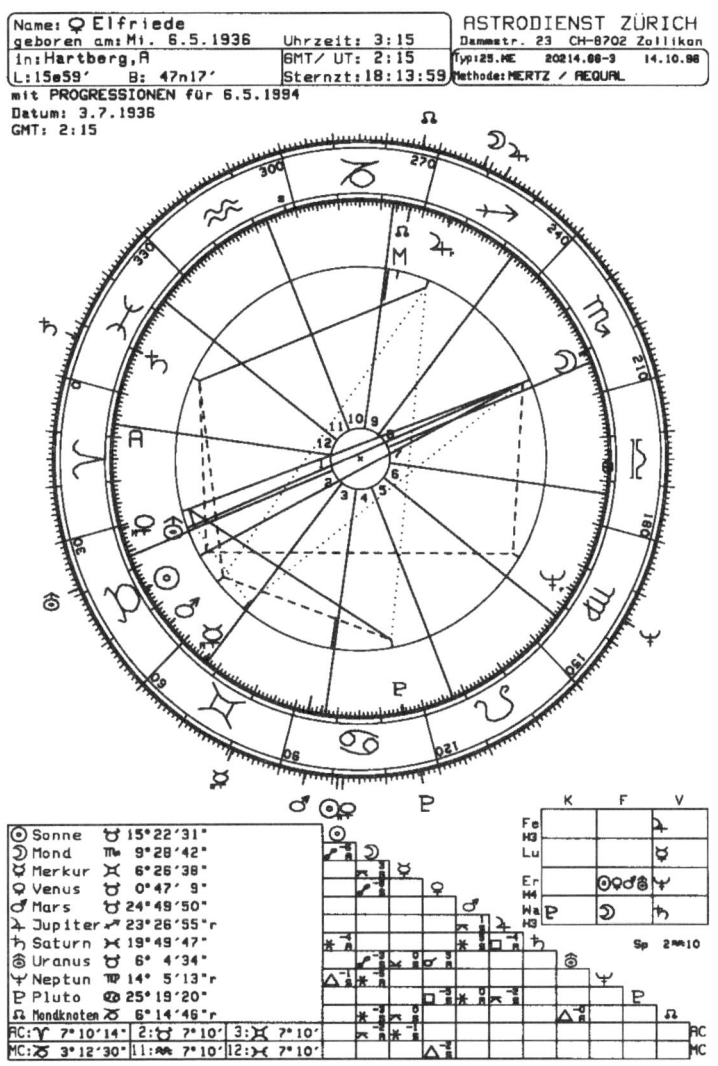

*Abbildung 31: Progression für 1994 vom obigen Datum
(06. 05. 1936, 03h 15m, Hartberg/Österreich).*

101

diese Wandlungen sind bedeutsam. Hier kann es sogar geschehen, dass sich dies zweimal im Leben vollzieht.

Doch entscheidender in punkto Persönlichkeitsprägung ist die eventuelle Wandlung der Venus, die dann jedoch aktiv unterstützt werden muss, da alle Planeten nur Zeichen geben. Die Zeichen umzusetzen, das liegt allein beim individuellen Horoskopeigner.

Elfriede hatte dies sehr schnell begriffen und die Chancen wahrgenommen, obwohl sie am Ende des sechsten Lebensjahrzehntes stand. Sie spricht noch immer von dem schönsten letzten Viertel ihres Lebens, und nahm sich vor, nun noch die Astrologie zu lernen, um anderen vielleicht etwas helfen zu können.

Keine anderen Planeten als Venus und Merkur zeigen so deutliche innere Wandlungen über die Progressionen an. Bei den anderen Planeten ersehen viele die Wandlungen über die einzelnen Tierkreisabschnitte, aber das ist mehr Theorie als Praxis. Das Symbol für den Lebenskern, die Sonne, würde sich danach zwölfmal im Jahr entscheidend verändern, was einfach nicht stimmt. Auch wenn der Saturn alle zweieinhalb Jahre ein neues Zeichen betritt, kann man kaum eine Wandlung bemerken. Bei Jupiter wäre das alle Jahre so. Der Tierkreis wird wohl grundsätzlich ein wenig überschätzt. Dies spricht, was die inneren Planeten betrifft, auch gegen die Transite. Deutlich wird dies am Solar. Das Solar ist nun einmal nichts anderes als ein reines Transithoroskop, das auf den Stand der Sonne zur Geburt gestellt wird. Sicher mag es für ein Lebensjahr entscheidend sein, ob Venus oder Merkur Abend- oder Morgenstern sind. Aber der Merkur wandelt sich dreimal im Jahr, das kann und sollte nicht allzu sehr beachtet werden.

Da gab es ein Experiment, dass ein Kritiker sehr unterschiedliche Theaterkritiken schrieb. Mal streng, mal großzügig. Drei Jahre ist dies mit den Wandlungen des Merkur verfolgt worden, und es war festzuhalten, dass diese sehr von einander abweichenden Kritiken nichts mit Merkur als Morgen- oder Abendstern zu tun hatten. Auch bei den selteneren Wandlungen der Venus ist der Transit nicht sehr angebracht, weil – wie bei Merkur – das Grundsätzliche verloren geht. Wahre Entwicklung benötigt Zeit, Ausdauer und letztlich eine Konsequenz, die nicht alltäglich ist. Da bietet die Progression oder die Sekundär-Direktion weitaus bessere Voraussetzungen. Diese – auch von Kepler bevorzugten Direktionen – zeigen die Veränderungen der schnellen Planeten an, und damit die Veränderungen des Individuellen. Ab Saturn, oft auch schon ab Jupiter sind sie in den Progressionen ja kaum bemerkbar, da verschiebt sich bestenfalls der Sektor innerhalb eines Tierkreisabschnittes.

Es muss zwischen den individuellen (schnellen) und den gesellschaftlichen (langsamen) Planetensymbolen unterschieden werden. Individuell kann sich ein Mensch zum Vorteil oder Nachteil ziemlich verändern, aber die allgemeine gesellschaftliche oder soziale Situation verändert sich kaum oder nur sehr langsam. Nach den Sonnenbogen oder Primär-Direktionen (ein Grad gleich ein Jahr) verändern sich Venus oder Merkur ja nicht im Verhältnis zum Sonnenstand, so scheiden sie aus der Zukunftsbetrachtung aus. Doch die Progressionen helfen.

Natürlich kann man sich auf die inneren Verwandlungsanzeichen nicht verlassen. Alle astrologischen Aussagen sind und bleiben Tendenzen und Möglichkeiten. Ein Postbeamter wird sich kaum dafür interessieren, ob seine Venus Abend- oder Morgenstern ist. Aber für viele andere Horoskopeigner kann dies von großer Lebensbedeutung sein. Die Wandlungen von Venus und Merkur können Hoffnungen und neue Impulse wecken. Darauf kann man die Horoskopeigner aufmerksam machen. Selbstarbeit ist jedoch immer notwendig und Voraussetzung für eine gekonnte oder gute Lebensgestaltung.

Fazit

Es war aufzuzeigen, dass es sicher interessant ist, die Betrachtungen der alten Priesterastrologen heute wieder in die Deutungsregeln zurückzuführen. Die Erkenntnisse der Griechen, die Morgenstern und Abendstern als Phosphoros und Hesporos bezeichneten und sie nicht nur mit der Aphrodite gleichsetzten, (was auch für die römische Venus gilt), sollten doch wieder stärker beachtet werden. Dies ist selbstverständlich nur eine Anregung, aber es wäre schade, wenn jahrtausend alte Erfahrungen der Astrologen zugeschüttet bleiben.

Die Betrachtung von Abend- und Morgenstern hat auch nichts mit mittelalterlichem Aberglauben zu tun, denn schon damals waren die Unterschiede dieser inneren Planeten völlig vergessen. Die Arbeit mit Morgen- und Abendstern ist klar, einleuchtend und ohne jede Schwierigkeit anwendbar. Diese kleine Mühe schließt uns dagegen Welten auf, die bisher in der Regel meist unbeachtet blieben. Es mag auch zu denken geben, dass die Griechen bei der Unterscheidung der beiden, bei Morgen- und Abendstern blieben, obwohl sie längst wussten, dass beide in Wahrheit nur ein Stern waren. Sie schauten noch intensiver zum Himmel als wir es heute tun und sahen so in den Bildern die oft bedeutungsvollen Unterschiede. Wenn die Astrologie vom Schauen kommt, und daran gibt es wohl keinen Zweifel (siehe Rückläufigkeit), dann müssen die Unterschiede der Morgen- zu den Abendsternen berücksichtigt werden.

Diese Unterschiede sind die Zeichen des Himmels, damit wir die Zusammenhänge zwischen Kosmos und Erde verstehen.

Es sind die Mythen der Zwillinge, die wir beachten müssen, und es hat einen tiefen Sinn, wenn die Zwillinge Castor und Pollux ein Schwesternpaar raubten, was auf den anderen inneren Planeten, nämlich die Venus hinweist. Im nachfolgenden Rachefeldzug wegen des Schwesternraubes ist Castor getötet worden. Pollux war darüber so verzweifelt, dass er von Zeus die Unsterblichkeit geschenkt bekam. Beide Brüder fanden als Sterne ihren Platz am Firmament. Aufmerksamkeit erfordert die Tatsache, dass Merkur immer in ergänzender Opposition zu Zeus stand. Der Merkur als Morgenstern im Abschnitt Zwillinge ergänzend zu Jupiter (Zeus) im Abschnitt Schütze, und der Merkur als Abendstern im Abschnitt Jungfrau in Opposition zu Jupiter im Abschnitt Fische. Heute hat man Neptun den Fischen zugeteilt, was bejaht werden kann, aber das Auferstehungszeichen Fische der Christen war vorher stets mit Jupiter verbunden. In der Märchenfabel vom Hans im Glück lehrt uns Merkur (der Hans), dass es weitaus weniger auf das Materielle ankommt, als wir annehmen. Auch dies ist eine alte Erkenntnis, die heute fast vergessen ist, obwohl jeder weiß, dass das letzte Hemd keine Taschen hat.

Interessant ist auch noch, dass die vier entscheidenden Planeten und Gestirne Sonne, Mond, Merkur und Venus auch eng im Tierkreis zusammengeführt werden. Nach der Venus als Morgenstern (Stier) kommt Merkur als Morgenstern (Zwillinge), nach ihm der Mond (Krebs), die Sonne (Löwe), Merkur als Abendstern (Jungfrau) und schließlich Venus als Abendstern (Waage).

Bei den äußeren und transsaturnischen Planeten ist diese Logik nicht so eindeutig vorhanden. Sie kamen ja in der Astrologie erst nach und nach hinzu. Das zusammenfassende Bild war den Planeten vorbehalten, um die es sich in dieser Arbeit dreht.

Wenn so intensiv auf altes Erfahrungs- und Wissensgut hingewiesen wird, dann heißt dies ja nicht, neue Erkenntnisse außer

Acht zu lassen. Im Gegenteil, beides gehört zusammen. Die Astrologie – und damit die Astrologen – haben heute so unendlich viele Fragen zu beantworten, die früher nie gestellt wurden. Das komplexe Leben ist so vielfältig geworden, dass sich auch die Astrologie vielfältig entwickeln musste. Das hat sie dann auch getan. Es bleibt nur davor zu warnen, dass alles Neue zur Weisheit führt, dass man den Sockel der Erfahrungen nicht mehr benötigt. Selten ist den Menschen so klar geworden, dass alles seine zwei Seiten hat, um so deutlicher wäre herauszuheben, dass die Astrologie dies immer wusste, sonst hätte sie nicht Wert auf die je zwei Abend- oder Morgensterne gelegt. Sicher, Merkur ist ein Planet, Venus ist ein anderer. Beide haben aber so deutlich zwei Seiten, spiegeln zwei Facetten, dass wir diese erfahrene Weisheit bewundern müssen. Oft entsteht der Eindruck, als wären die alten Astrologen die besseren Psychologen gewesen, obwohl sich die Psychologie gerade heute so positiv entwickelt hat, wovon die moderne Astrologie übrigens bestens profitiert. Ohne die Psychologie wäre sie nie aus dem Grab des Aberglaubens, wo sie schon ruhte, wieder auferstanden. Aber es steht eben alles wieder auf, was wert ist, dass es aufersteht!

Venus und Merkur zeigen dies als Zeichen des Himmels deutlichst an. Zwei kleine Buchstaben (A und M) weisen uns neue Wege. Diese beiden Buchstaben erinnern an das älteste Beobachtungs- und Erfahrungsgut der Astrologie. Wenn das kein Geschenk ist – was dann?

Literatur

Bühler, Walther: Das Pentagramm und der goldene Schnitt als Schöpfungsprinzip. Verlag Freies Geistesleben, Stuttgart 1996.

Field, D. M.: Die Mythologie der Griechen und Römer. Albatros Verlag, Zollikon 1977.

Mann, A. T.: Mystische Architektur. Edition Astrodata, Wettswil 1996.

Mertz, Bernd A.: Magisch Reisen Griechenland. Goldmann, München 1991.

Mertz, Bernd A.: Magisch Reisen Ägypten. Goldmann, München 1991.

Mertz, Bernd A.: Schicksalspunkte im Horoskop. Edition Astrodata, Wettswil 1991.

Mertz, Bernd A.: Liebe – Opfer – Magie. Edition Astrodata, Wettswil 1993.

Mertz, Bernd A.: Das Grundwissen der Astrologie. Ariston, Genf 1990.

Schultz, Joachim: Rhythmen der Sterne. Verlag am Goetheanum, Dornach 1985[3].

Zehren, Erich: Das Testament der Sterne. Herbig, Berlin 1957.

Bernd A. Mertz, geboren am 10. Juli 1924 in Berlin, war ursprünglich erfolgreich als Theater- und Fernsehautor sowie als Journalist tätig. Durch seine Arbeit als Dramaturg und Regisseur entwickelte er ein Interesse an Psychologie. Dies führte ihn schließlich zur Astrologie, mit der er sich 40 Jahre lang intensiv beschäftigte. Heute gilt er als einer der führenden Vertreter einer modernen psychologischen Astrologie, jedoch immer mit Blick auf die traditionellen Techniken. In zahlreichen Kursen und Vorträgen hat er sich um die Astrologie verdient gemacht. Besonders hervorgetreten ist er als Autor vieler erfolgreicher Bücher aus den Bereichen Astrologie und Esoterik. Zahlreiche Titel erschienen als Übersetzungen unter anderem in Finnland, Holland, Norwegen, Polen, Portugal, Spanien, Tschechien und der Türkei.

Bibliographie Bernd A. Mertz

Astrologie – verständlich (Köln, 1975).

Das Falken-Handbuch der Astrologie (Niedernhausen, 1979).

Psychologische Astrologie, Band I - III, (Interlaken 1979 - 1982).

Das Du und Ich in der Astrologie: Passende Partner im Horoskop (Wiesbaden, 1983).

Die Familie im Horoskop (Niedernhausen, 1984).

Das Horoskop: Seine Deutung und Bedeutung (Freiburg, 1984[2]).

Astrologie als Wegweiser: Auswertung, Kombination und Anwendung des Geburtshoroskopes (Freiburg, 1984).

Astrologische Weisheiten (Wiesbaden, 1984).

Das Orakel der Sterne (Niedernhausen, 1984).

Handdeutung (Niedernhausen, 1985).

Kartenlegen (Niedernhausen, 1985).

Das Horoskop als Entscheidungshilfe (Freiburg, 1986).

Was sagt uns das Horoskop (Niedernhausen, 1986[2]).

Das Horoskop in der Hand (Düsseldorf, 1987).

Die Magie der Zahlen (Niedernhausen, 1987).

Der Ägyptische Tarot: Ein Einweihungsweg (Freiburg, 1987).

Karma im Tarot: Das persönliche Schicksal aus den Tarotkarten erkennen (Interlaken, 1988).

Die Lichter des Himmels geben Zeichen: Astrologie und Christentum (Münsingen, 1990).

Astrologie und Tarot (Interlaken, 1990[3]).

Das I Ging der Zahlen (München, 1990).

Das Grundwissen der Astrologie: Persönlichkeit - Lebensplan - Partnerschaft - Zukunft (Genf/München, 1991[2]).

Das Handbuch der Astromedizin: Gesundheit im Horoskop (Genf/München, 1991).

Schicksalspunkte im Horoskop: Die Schnelldiagnose in der Astrologie (Wettswil, 1991).

Die Weisheit der Zahlen (Münsingen, 1991).

Ägypten: Land von Isis und Osiris, zurück zu den Urgöttern, Magisch Reisen (München, 1991[2]).

Griechenland: Vom Olymp zum Orakel von Delphi, Magisch Reisen (München, 1991[2]).

Alles übers Horoskop (Niedernhausen, 1991).

Die Esoterik in der Astrologie (Freiburg 1991[2]).

Liebe - Opfer - Magie: Der Mensch als Geheimnis des Kosmos. Die Praxis der esoterischen Horoskopdeutung (Wettswil, 1993).

Paracelsus und seine Astrologie: Im Menschen nämlich sind Sonne und Mond und alle Planeten (Wettswil, 1993).

Das Goldmann-Handbuch der Astrologie (München, 1993).

Die Praxis der Handanalyse (Genf/München, 1993[3]).

Das Handbuch der Astrologie: Horoskope stellen und deuten (Bindlach, 1993).

Die Kunst, wahrzusagen: Punkte, die Ihr Leben bestimmen (Genf/München, 1994).

Folgt dem Stern: Die Astrologie in der Bibel (München, 1994).

Tarot: Lebenshilfe durch Kartenlegen (Niedernhausen, 1994²).

Der Weg zum Horoskop: Astrologie für Einsteiger (Landsberg, 1995²).

Karma in der Astrologie: Die Wurzeln der Seele im Horoskop (Interlaken, 1995²).

Der Ägyptische Tarot: Der zeitlose Weg der Erkenntnis (München/Landsberg, 1995).

Also sprachen für die Astrologie…: Zitate berühmter Persönlichkeiten (Wettswil, 1995).

Grundlagen der klassischen Astrologie: Die Planeten - die Tierkreiszeichen - das Häusersystem - die Aspekte (München/Landsberg, 1996).

Farben, Charakter, Schicksal (Niedernhausen, 1996).

Alles übers Horoskop (Niedernhausen, 1996).

Tarot für alle Decks (Niedernhausen, 1996).

Esoterik: Der Weg zum geheimen Wissen (Frankfurt/Berlin, 1996).

Wahrsagen mit den Karten der Madame Lenormand (Niedernhausen, 1997²).

Venus und Merkur als Morgen- und Abendstern im Horoskop (Mössingen, 1997).

Zwei weiter Bücher von Bernd A. Mertz sind in Vorbereitung:

Das archetypische Tier in dir (Genf, 1997).

Handbuch der Traumdeutung: Die stumme Sprache der Seele (Berlin, 1997).

Standardwerke der Astrologie

CLAUDIUS PTOLEMAEUS

Tetrabiblos

*Nach der von Philipp Melanchton besorgten
seltenen Ausgabe aus dem Jahre 1553.*

*Ins Deutsche übertragen von M. Erich Winkel
Mit einem Vorwort von Thomas Schäfer
Einmalige limitierte Sonderausgabe in Samt gebunden
300 Seiten*

ISBN 3-925100-17-2

Ptolemaeus wurde um 100 n. Chr. geboren, lebte in Alexandrien als Geograph und Astronom, wo er um 178 starb. Mit seinen Tetrabiblos, was soviel bedeutet wie Buch in vier Abteilungen, vermachte Ptolemäus der Mit- und Nachwelt ein zeitloses Dokument der Astrologie. Zahlreiche der noch heute gültigen Begriffe und Regeln wurden aus der Tetrabiblos abgeleitet. Durch seine klaren Definitionen wurde die Astrologie erstmals systematisiert. Außerdem erfaßte er alle Strömungen des astrologischen Wissen und formte sie zu einer Synthese. Auf ihn geht die Begründung des Tierkreises ebenso zurück wie die Deutung der Planeten. Die Tetrabiblos waren für 1500 Jahre die „Bibel der Astrologen". Ein Werk von zeitloser Gültigkeit.

Es ist Ptolemaeus in seinen Tetrabiblos gelungen, aus dem Wust der damalige astrologischen Regeln ein einheitliches, menschenbezogenes Deutungskonzept zu schaffen, wie es nach ihm bis in unser Jahrhundert keiner mehr zustande gebracht hat. Im Gegenteil, sie alle, die sich nach ihm als astrologische Autoren profiliert haben, bezogen sich immer mehr oder weniger bewußt auf ihn. Die „vier goldenen Bücher" sollte man also auch als Astrologe am Ende des 20. Jh. kennen!

Astrolog

CHIRON VERLAG

Standardwerke der Astrologie

LIANELLA LIVALDI-LAUN

Lilith, die Begegnung mit dem Schmerz

Die Astrologie des Schwarzen Mondes
160 Seiten, geb., monatliche Ephemeriden 1900-2050, 66 Abb.

ISBN 3-925100-15-6

Lilith war nach hebräischer Tradition die erste Frau Adams, die dunkle Erscheinung der weiblichen Gottheit. In der Astrologie entspricht Lilith dem Schwarzen Mond. Es handelt sich hierbei *nicht* einen hypothetischen Planeten, sondern um den zweiten Brennpunkt der Mondellipse. Sie stellt heraus, daß Lilith die nicht integrierte Anima in der männlichen Psyche darstellt, während sie in der weiblichen Psyche den Schatten verkörpert. Lilith entspricht dem Prinzip der unerfüllten Wünsche: dem Gefühl, welches nach der Vertreibung aus dem Paradies in uns zurückgeblieben ist. Neben der Deutung in den Häusern werden vor allem die Aspekte zu den persönlichen Planeten besprochen. Einen Schwerpunkt bildet die Untersuchung von Liliths schädlichem Einfluß bei Erkrankungen der Geschlechtsorgane oder bei schwierigen Partnerschaften. Ein Exkurs zur Astronomie und monatliche Ephemeriden für die Jahre 1900-2050 runden das Gesamtwerk ab.

Der Mond ... galt als höchster Ausdruck der Weiblichkeit, mit positiven und negativen Valenzen; er war für den Menschen immer sichtbar. Lilith hingegen entsprach einem gefährlichen, dunklen weiblichen Bild.
Roberto Sicuteri

CHIRON VERLAG

Standardwerke der Astrologie

FULVIO MOCCO

Sonne - Mond

Die Polarität des Seins
aus dem Italienischen übersetzt von
Christine Ableidiger-Günther
geb., 160 Seiten

ISBN 3-925100-21-0

Die Sonne symbolisiert die Lebenskraft und das Streben nach Sein, während der Mond die Gestaltungskraft und das gefühlsmäßige Empfinden repräsentiert. Zusammen stehen sie für die zwei Pole unseres Seins, für Geist und Seele. Die 144 Konstellationen von Sonne und Mond in den verschiedenen Tierkreiszeichen stellen einen vollständigen Zyklus dar, in dem die beiden Himmelskörper die unterschiedlichsten Schattierungen gegenseitigen Einflusses zeigen.

Mocco beleuchtet das Verhältnis von Sonne und Mond im Hinblick auf die jeweiligen Zeichen. Stehen Sonne und Mond z.B. im Widder, so handelt es sich um einen Neumond. Bewe-gen wir den Mond weiter ins Zeichen Krebs, so haben wir ein Quadrat, bzw. das zunehmende Viertel. Mit Mond in der Waage treffen wir auf eine Opposition, sprich den Vollmond. Mocco zeigt, wie entscheidend die Eigenschaften der Sonne modifiziert werden durch den Mond, indem er systematisch alle 144 möglichen Konstellationen beschreibt. Das Buch vermittelt dem Anfänger erste Einblicke in das Zusammenspiel von Sonne und Mond. Der fortgeschrittene Leser gewinnt ein vertieftes Verständnis von der Sonne/Mond-Beziehung und deren Bedeutung für das innere Gleichgewicht.

CHIRON VERLAG

Standardwerke der Astrologie

CHRISTOPH SCHUBERT-WELLER

Wege der Astrologie

Schulen und Methoden im Vergleich
320 Seiten, 64 Abbildungen

ISBN 3-925100-22-9

Noch immer ist es weitgehend so, daß der angehende Astrologe nach einer ganz bestimmten Schulrichtung lernt und zeit seines Lebens bei eben dieser Methode bleibt, ohne sich allzu viel nach links oder rechts umzuschauen. *Die* Astrologie als solche existiert jedoch nicht. Es gibt verschiedene Schulen und Systeme, die oft nur intern bekannt geworden sind und deren Literatur zum Teil schwer zugänglich ist. Bei der mittlerweile recht offenen Forschungssituation aber ist Austausch zwischen einzelnen Schulrichtungen, sowie die gegenseitige Kenntnisnahme zu einem Muß geworden.

Die vorliegende Monographie bietet erstmals eine Gesamtorientierung über die vielen Ansätze in der Astrologie und stellt deren Lehrmeinungen im Vergleich vor. Dadurch erschließt sich dem in einer Schule fortgeschrittenen Anfänger wie auch dem forschenden Astrologen die Vielfalt der astro-logischen Methoden. Anhand zahl-reicher Tabellen und Abbildungen lassen sich die verschiedenen Wege der Astrologie gut nachvollziehen und überprüfen.

Ich bin der Meinung, daß »Wege der Astrologie« ein sehr wertvolles Buch ist, denn es wird das Verständnis und den Dialog zwischen den verschiedenen Schulen fördern. Dieses Buch sollte im Regal eines jeden Astrologen stehen. *Hamburger Hefte*

CHIRON VERLAG

Standardwerke der Astrologie

STEPHEN ALBAUGH UND NANCY EHRESMAN

Die Wiederkehr des Saturn

Lebenszyklus und Krisenjahre
ca. 120 Seiten, 7 Abbildungen
kartoniert
ISBN 3-925100-19-9

Man spricht davon, daß der Körper sich alle sieben Jahre erneuert. Dies korrespondiert mit dem Saturnzyklus, denn Saturn bewegt sich in Zeitabschnitten von sieben Jahren: nach 7 bzw. 21 Jahren steht er im Quadrat, nach 14 Jahren in Opposition und nach 28 Jahren wieder auf der Radixposition. Der Zeitpunkt, zu dem der Planet wieder in Konjunktion zu seiner Geburtsstellung tritt, wird als Wiederkehr oder auch als Saturn-Revolution bezeichnet.

Gerade während der Phase der Wiederkehr des Saturn treten wichtige Entwicklungsschritte in unser Leben. Alle Dinge, die nicht auf festen Grund gebaut sind, stürzen in sich zusammen. Die Saturn-Revolution muß jedoch nicht nur negativ aufgefaßt werden, denn sie verhilft dem Betroffenen zu einer „inneren Wiedergeburt". Ein Großteil der Verwirrungen und Selbstzweifel kann jedoch durch eine gezielte Vorbereitung auf die kritischen Phasen des Saturnzyklus geklärt werden. Das vorliegende Buch gibt hierzu eine konkrete Hilfestellung und beleuchtet anhand von praktischen Beispielen die wichtigsten Lebensbereiche, die Saturn bei seiner Wiederkehr umwälzt.

Chiron Verlag

Standardwerke der Astrologie

BETH KOCH

Die Astrologie der Träume

220 Seiten, geb. mit Schutzumschlag
ISBN 3-925100-14-8

Ein Drittel unseres Lebens verbringen wir im Schlaf. An der Grenze
zwischen Wachbewußtsein und Schlaf begegnen wir den Träumen,
die in Bildern zu uns sprechen. Beth Koch zeigt, daß eine enge Verbindung zwischen der Symbolik der Astrologie und dem Traum-
geschehen vorliegt, indem sie beschreibt, wie sich die Energie der
Tierkreiszeichen im Traum widerspiegelt. Der Schwerpunkt des
Buches liegt auf der Betrachtung der Transite als Grundlage für die
Traumdeutung. Anders ausgedrückt sie zeigt, wie wir mittels der
Beobachtung von Transiten die Bedeutung der Traumbotschaft ent-
schlüsseln können. Als Anregung zur eigenen Traumarbeit gibt sie zu
jedem Planeten ein Auflistung der wichtigsten entsprechenden
Traumbilder und die Interpretation von Traumbeispielen. Ein um-
fangreiches Kapitel enthält ein Lexikon der Traumsymbole unter
astrologischen Gesichtspunkten.

Dabei wird deutlich, was für das gesamte Buch gilt. Es gibt keine
pauschalen Deutungen. Astrologie ist ein Wegweiser und mit diesem
Buch wird sie ein Mittel zur Erforschung der Traumwelt.

American Astrology

CHIRON VERLAG

Standardwerke der Astrologie

STEVE COZZI

Die Astrologie des Standortes

und ihre Bedeutung im Geburtshoroskop
320 Seiten, gebunden, 57 Abbildungen, 20 Tabellen
ISBN 3-925100-13-X

Kosmische Einflüsse durchdringen jeden Aspekt unseres Lebens, selbst unseren Bezug zum Wohnort oder die Art und Weise, wie wir unser alltägliches Umfeld organisieren. Das vorliegende Buch bietet erstmalig eine eingehende Untersuchung des Raumes aus astrologischer Sicht und füllt damit eine Lücke in der bisherigen Literatur. Die Standortastrologie betrachtet die Planeten auf dem irdischen Horiziont, der Geborene steht wie die Nabe eines Rades in der Mitte und von ihm strahlen die Planeten in verschiedene Himmelsrichtungen aus. Das Standorthoroskop ermöglicht damit die astrologische Untersuchung von Wohnung, Haus, Stadt und Land, aber auch von Umzügen. Das Besondere dabei ist, daß immer das Individuum im Mittelpunkt steht. Auf diese Weise wird eine Verbindung zwischen Mensch, Raum und Richtung geschaffen. Cozzi beläßt es jedoch nicht bei der Theorie, denn er bietet ausführliche Deutungstexte und eine Vielzahl an Tabellen zur Untersuchung der persönlichen Planetenlinien. Außerdem stellt er alle derzeit gebräuchlichen Methoden der Geoastrologie vor, angefangen vom einfachen Relokationshoroskop, über die Astro*Karto*Graphie bis hin zu geodätischen Gittersystemen.

Das Buch von Steve Cozzi ist in der Tat ein exzellentes Beispiel für einen neuen Ansatz der Astrologie: die Verbindung seriöser Astrologie mit einer magischen, aber dennoch praktisch fundierten Weltsicht.

Robert Hand

Chiron Verlag

Standardwerke der Astrologie

DEMETRA GEORGE
Das Buch der Asteroiden
Mythologie, Psychologie, Astrologie und neue Weiblichkeit
430 Seiten, gebunden. 8 Abbildungen, Ephemeriden
ISBN 3-925100-12-1

Das erste umfassende Handbuch für den praktischen Gebrauch der vier großen Asteroiden Ceres, Pallas, Vesta und Juno. Die Autorin widmet jedem Asteroiden zunächst ein ausführliches Kapitel über die mythologischen Hintergründe und zeigt, wie entscheidend die archetypiche Symbolik der antiken Göttinnen auch unsere Gegenwart prägt. Dann bespricht sie eingehend die astrologischen Grundprinzipien und deren psychologische Entsprechungen. Anschließend geht sie zu gut verständlichen Deutungen in Zeichen, Häusern und Aspekten über. Ein Kapitel befaßt sich ausschließlich mit der astronomischen Einordnung der Kleinplaneten. Die wichtigsten kleineren Asteroiden wie Psyche, Eros, Amor, Diana, Hidalgo usw. werden in die Betrachtung miteinbezogen. Außerdem enthält das Buch auch die Ephemeriden von 16 Asteroiden für den Zeitraum 1931 – 2000.

Das umfangreiche Werk ist nicht nur sehr informativ, was die Mythologie, die Entstehung und die Bedeutung der Asteroiden betrifft, sondern es ist auch auf eine »weibliche« Art geschrieben. Die Autorin beschreibt bildhaft, assoziativ, einfühlsam und lebendig die verschiedenen weiblichen Archetypen. Sie spannt einen thematischen Bogen von der griechischen und antiken Mythologie bis in die Neuzeit, wodurch die klassischen weiblichen Planeten Venus und Mond um wichtige Bereiche erweitert werden.   *Meridian*

CHIRON VERLAG

Standardwerke der Astrologie

DANE RUDHYAR

Astrologie und Psyche

Das Selbst im Spiegel des Kosmos
288 Seiten, broschiert, 6 Abbildungen
ISBN 3-925100-10-5

Ein Glas kann mit Gift oder einem süffigen Wein gefüllt sein, beide Flüssigkeiten werden von der Form des Glases gestaltet. Ähnlich verhält es sich mit der Psyche: selbst wenn die Struktur (z. B. im Horoskop) festgelegt ist, so muß dies noch lange nicht bedeuten, daß auch die Ereignisse, welche dieses Grundschema mit Leben erfüllen, ebenfalls schon vorherbestimmt sind. Mit ganzer Überzeugungskraft vermittelt der Autor seine Botschaft: das Horoskop ist eine Archetyp besonderer Art. Rudhyar deckt auf, daß die Astrolgie sehr wohl bei der Entwicklung der Persönlichkeit Pate stehen kann. Gleichzeitig versäumt er es aber auch nicht, auf die darin verborgenen Gefahren hinzuweisen. Besonders wertvoll sind seine Ausblicke auf die Mysterien von Schlaf und Traum, die sexuellen Faktoren der Persönlichkeit, die großen Wendepunkte im Leben und den erfolgreichen Umgang mit Krisen. Hier gibt er nicht nur Hilfestellungen zur Lösung von Problemen, sondern demonstriert anhand grundmenschlicher Erfahrungen die Einheit von Individuum und Universum.

Dieses Buch läßt sich auch in Phasen persönlicher Krisen gut lesen, man wird verstärkt daraus hervorgehen, weil die Sinnfrage gezielt angesprochen wird – im Gegensatz zu vielen »Deutungs-Kochbüchern«, deren Lektüre nin diesem Fall beinahe »tödliche« sein kann.
Meridian

CHIRON VERLAG